JN306514

二

# 体罰はなぜなくならないのか

GS
幻冬舎新書
313

# 体罰はなぜなくならないのか／目次

## 第五章 体罰はどうすればなくせるか 169

# 序章　二人のキャプテン

「もうこの世にいたくないの」

なんでほかの子は楽しいクラブなのに、私はこんなに苦しまなければいけないのか。たたかれるのも　もうイヤ、泣くのも　もうイヤ、私はどうしたらいいのかナ。だから　もうこの世にいたくないの　ゴメンネ　お父さん　お母さん

これは、名門の高校運動部で部長を務めていた生徒が両親にあてて遺した手紙の一部である。生徒はわら半紙十数枚に胸の内を綴《つづ》り、愛用の通学カバンの中にしのばせていた。手紙は生徒が自宅で縊《い》死《し》した数日後、両親によって発見されている。すすり泣く声が聞こえてきそうな遺書を綴った生徒は、本当は楽しいはずの学校の部活動で、顧問教諭から「体罰」をふるわれ続けていた。体罰は部活を生き地獄に変え、生徒は生きることに絶望したのだった。

二〇一二年一二月、バスケットボールの強豪校として知られる大阪市立桜宮高等学校（以下桜宮高）において、まさにバスケットボール部主将だった二年生の男子が、顧問の小村基《はじめ》教論（当時四七歳・のちに懲戒免職）による体罰が大きな一つの引き金になり自ら命を絶ったとされた。彼はその三カ月前に主将に選ばれ、期待と責任を担わされ、そして連日、顧問教諭か

ら厳しい叱責や体罰を受け続けていた。

二〇一一年一〇月に起きていた「大津中二いじめ自殺事件」が発覚から遅れて大々的に報道されるようになり、それに続くかのように桜宮高事件も連日報じられた。前者は「いじめ」というオブラートに包まれた学校内の暴力であり、後者は教育とか指導という、これまたオブラートに包まれた、教師による学校内の対生徒暴力である。そしてさらに連動するように、女子柔道ナショナルチームの代表選手らが監督らから受けていた体罰やパワーハラスメントを告発するという事態も起き、世間の耳目を集めることになる。

これまで「体罰死」を長年取材してきた私だが、今回の「流れ」は社会の覚醒なのか、単なるブームなのかまだわからない。だが、桜宮高事件のあとも、学校や部活における体罰の是非が論議を呼び、スポーツエリートの著名人の体罰に批判的な発言も相次いだ。桜宮高ではその後、バレーボール部でも体罰があったことが発覚するのだが、橋下徹大阪市長が校長と大阪市教育委員会を厳しく糾弾し、同校の体育系二学科の入試を中止（体育系二学科の定員は普通科に振り替えて高校の入試自体は実施）するという前代未聞の展開を見せる。結果として、顧問が懲戒免職になったことは、誰の記憶にも新しいところだろう。

冒頭の遺書を書いたのは一人の女子高生である。部活で激しい体罰を受けていたのは、抵抗する術《すべ》も知らぬ少女だった。

## ある強豪陸上部で起きたこと

少女を仮にA子さんと呼ぶことにしよう。A子さんは岐阜県立中津商業高等学校（恵那市、以下中津商）の二年生で、陸上部に所属していた。顧問の男性教諭（当時四六歳）は、自らもやり投げ選手としてインターカレッジでの優勝経験があり、陸上部顧問になってからは全国大会で優勝する選手を輩出、県陸連の強化部長も務めるなど、指導者としての手腕は高く評価されていた。

中津商陸上部は放課後はもちろん、始業前や学校が休みの日にも練習があり、修学旅行中でさえ早朝練習を敢行するなど、部員たちの高校生活は完全に部活漬けだった。A子さんは一年生の一学期からやり投げで頭角を現し、顧問の目に留まる。同時に、A子さんに対する顧問の体罰が始まった。記録が伸びないときは競技用のやりの先で頭を殴られるので、A子さんの頭部にはミミズ腫れができるほどだったという。

練習日誌の提出を忘れたときも殴られ、夏休みにコンサートに行っただけでも自主トレをサボったということになり、殴られた。正座をさせられて正面から蹴り上げられたこともある。身体にアザをつくって帰ってくる娘を見かねた両親は、何度も学校側に抗議しようとするのだが、「また、自分が叱られるからやめてほしい」と懇願するA子さんに負けて、ずっと果たせずにいた。

部員たちの証言によれば、A子さんが二年生になって部長に選ばれると、体罰はさらにエスカレートし、A子さん本人に非がなくても殴られるようになった。たとえば、後輩の一年生が練習に出てこなくなると、ほかの部員たちの前で「おまえがリーダーなんだから、部活の頂点にいる人間だから」と責められ、殴られた。A子さんは決して抵抗せず、土下座して謝ることもあった。

学年末を迎えたある日、A子さんは二度にわたって計四時間以上、顧問から叱責を受け、竹刀を突きつけられて殴られ、罵声を浴びせられ続けた。最後に顧問は、「おまえなんか知らん。おまえの顔なんか見たくない」と言い放って帰ってしまう。

A子さんは帰宅後、一日中顧問に怒られていたことを両親に報告している。怒られている間は直立不動で、悔しくて歯を食いしばっていたために紫色に変色した舌を両親に見せたという。用意されていた夕食を前に、「今日は食べたくない」と涙をぼろぼろこぼした。朝を迎える前に、A子さんは洋服ダンスにネクタイを括《くく》りつけ、首を吊った。

両親あての長い手紙はすべて鉛筆書きである。手紙の中で顧問にふれているが、「私は先生が好きだったけれど、何も恩返しできなかった」としたためている。決して恨み言を遺さず、その代わりに何度も出てくるのは、「疲れた」という言葉だ。「私は疲れました」「私、本当に疲れた」と、それは諦《あきら》めのようにも悲鳴のようにも思えてしまう。そしてそれ以上に、一〜二行置きに繰り返されるのが「お父さん、お母さん、ごめんね」という言葉だった。

## 二七年後、強豪バスケ部で起きたこと

自殺した桜宮高の男子生徒にもまたバスケットボール部の主将に就いた二〇一一年九月を境に、顧問の小村教諭からの叱責や体罰が集中するようになっていた。

練習試合でミスをしようものなら、ビンタが何回も飛んでくる。試合後にも、「ボールに飛びつこうとしなかった」とビンタされる。次の練習試合でもミスをした男子生徒を「なぜミスをしたのか」と質問攻めにし、答えられずにいるとビンタ、コートから走らずにベンチに戻ると、またビンタされた。そして、「(そんなことでは)主将を交代させる」と冷たく突き放されるのが常だった。

「もうわけわからないです」――男子生徒は一二月になって一行だけノートに記したものの、最後に教諭に提出したペーパーには、「言われたことをチームの皆でできるように、まず自分が手本になる」と書かれていた。これは彼の本心とはまったく逆のことであったと彼の死後に明らかになるのだが、それについては後述したい。

志望してスポーツの強豪校に入学し、花形の運動部で活躍を期待され、リーダーに選ばれ、しかしリーダーであるがゆえに指導者から体罰を受け、悩み苦しみながら自死を遂げる――あ

まりにも痛ましく、あまりにも酷似する二人の死。A子さんが命を絶ったのは一九八五年三月。実に桜宮高事件の二七年前である。

事態も構造も背景も何も変わってはいない。

過去に起きた無数の体罰事件をいくつかふりかえるだけでも「学校」が何も変わっていないことは、すぐにわかる。

学校教育法第一一条には、校長及び教員は「体罰を加えることはできない」と明記されている。一九四七年に制定されて以来、法律が学校における一切の体罰を許していないにもかかわらず、学校で子どもが教員の暴力による制裁を受け、まったく同じ悲劇が繰り返されているのはなぜなのか。体罰はなぜ、なくならないのか。

# 第一章 繰り返される悲劇

## 体罰をふるわないとナメられる――一九八五

子どもの命が体罰によって奪われるという修復不可能な事件が起きているのに、学校や教育現場、スポーツ指導などでの体罰はなぜ、なくならないのだろうか。なくならないどころか体罰に依存する者たちがなぜ大手をふっているのか。痛ましい「死」を教訓にして、そこに到達するための新しい努力がなぜなされないのか。

そして、なぜ体罰をふるった教員や指導者、学校や教育委員会などの組織は、自らを防衛する一方になるのか――それは私が長年、体罰死や「指導死」について取材し、報告し、多くの心ある人々と考えてきたテーマであった。大阪・桜宮高の男子生徒の死、そして彼の死をきっかけに全国で続々といかにも場当たり的に明らかにされ、処分をされる体罰教員の事例を見ていると、岐阜・中津商のA子さんの死や、その後に取材をして回った多くの体罰事件で出会った人々の記憶が次々と蘇ってくる。

中津商事件と同年の一九八五年五月に起こった岐阜県立岐陽高等学校（以下岐陽高・現在は県立本巣松陽高校）の修学旅行先での体罰死は、私が初めて「取材」した事件である。私は前年に愛知県名古屋市内にある私立の中高一貫校を卒業したばかりだった。

私自身、教員から何かにつけ体罰をふるわれていた。はじめは体罰を受けてもなされるがままだったが、体罰が許されない行為であることを知ってからは抗議をするようになった。高校二年のあるとき、教員専用のトイレで用を足していたところを見つかって頬を引っぱたかれたことがあった。私がルールを破ったわけであるから、そのこと自体については素直に詫びたものの、体罰に対しては一歩も引かずに猛烈に抗議して、職員室でその教員に謝罪をさせたことがあった。その教員の表情には屈辱感が溢れ出ていたが、ほかの教員たちはまるで人ごとのように見ているだけだった。ふだんは人権とやらを説いていたのになんだ、と私は大いに失望したのだった。体罰は本当はあってはならないことなのに、なぜかそれを容認する空気が教員の間に漂っているではないか。高校生だった私はそう実感したのだった。

岐陽高の事件を知った私は、もしかしたら彼は私だったのかもしれないと思い詰めた。誰が犠牲者になっても不思議ではないということだ。いてもたってもいられなくなり、私はバスを乗り継いで、岐阜市郊外にある亡くなったT君の家を訪ねたのだった。取材というより命を落としたT君の顔が見たかった。遺族と言葉を交わしたかった。どうして事件が起きたのか、少しでも当事者の近くで耳をそばだてたかった。

遺族は来意を告げると、どこの馬の骨かもわからない若造を快く遺影の前に座らせてくれた。自分とほとんど年齢の変わらない遺影を前にして私は、身体が震えてうろたえてしまい、涙が止まらなかった。そんな、息子とたいして歳の変わらない私を見て遺族も泣いていた。それ以来、何度も訪ねることになるのだが、彼の墓石に号泣しながら水をかけて素手でさすり続ける遺族の姿を昨日のことのように覚えている。

岐陽高の修学旅行先はつくば万博（科学万博つくば'85）だった。朝方に見回りの教員がT君がヘアードライヤーを使っているのを発見し、規則違反として生活指導部の教員（当時三二歳）に報告したのが事件の発端だった。ドライヤーは持参することが禁止されていた。朝食後、T君と、名古屋・東京間の船の中でドライヤーを発見された男子生徒、宿舎でドライヤーを発見された女子生徒の三人は、ホテルの教員の部屋に呼び出された。T君が使っていたドライヤーは友人から借りたものだった。

教員の部屋にいたのは、生活指導部教員と、三人のクラス担任だった男性教員（当時三六歳）。生活指導部教員がまず、三人の頭を平手で数回ずつ殴った。その後、集合時間が迫っていたため、教員二名は生徒三名を部屋に残したまいったん部屋を出る。

ほどなくして戻ってきた担任教員は、「おまえたちを信用していたんだが、情けないぞ。なぜ、裏切った？」と言い、まずT君とは別の男子生徒の頭を数回殴ったり、足で蹴ったりした。生徒は一度後ろに倒れ、正座し直した。そのとき、生活指導部教員が戻ってきてその生徒だけを退室させた。二人の教員は何事か相談したあと、担任がT君の前に立ち、「おれは、殴る教師ではない」と言ったあと、「おれを裏切ったな」と叫び、頭を数回殴り、右肩などを蹴り、さらに腹を蹴った。

T君は「ごめんなさい」と謝ったが、暴力を受けてうめき声をあげたり泣き出したりした。最後にはひっくり返ってしまったT君のみぞおちあたりを担任教員が踏みつけたところ、T君は「ギャー」と叫び声をあげて動かなくなり、意識不明に陥った。生活指導部教員があわててほかの教員を呼び、人工呼吸や心臓マッサージをする。胃の内容物を吐かせるなどしたあと、救急搬送されたが二時間後に末梢循環不全によるショック死と診断された。担任は現行犯逮捕されたあと、傷害致死容疑で起訴され、初公判で起訴内容を認めた。

先に手を上げたのは生活指導部教員のほうである。この教員は日常的に体罰をふるう校内では知られた存在だった。致命傷を負わせたとされたクラス担任は寺の住職出身で岐陽高に転任してきたばかりで、体罰をふるわないことを自分に課していた。そのため転任当初から「体罰肯定派」だった生活指導部教員らから「体罰を行わない指導は甘い」と圧力をかけられていたことが刑事裁判で明らかにされた。事実、暴行現場でも生活指導部教員に煽られるようにしてT君を痛めつけている。

水戸地裁における刑事裁判では岐陽高の体罰教員たちの行状が明らかになったが、致命傷を与えたとされる担任のみが懲役三年の実刑となる。審理の過程で同校で体罰が横行し、担任は追い詰められるようにして事件を引き起こしたという構造、そして生活指導部教員が体罰を横行させていた教員グループのリーダー格だったことも明らかになっていたが、その生活指導部教員が修学旅行先でふるった体罰については〔死因になるほどの暴行ではなかった〕という理由で不起訴となり、岐阜県教育委員会は生活指導部教員を停職二カ月の処分で済ませ、担任を懲戒免職とした。

教員間で体罰は伝染する。体罰をふるわないことを自身の教育信条としていた教員が、いかにもろくも崩れていくかを私は法廷で目の当たりにした。体罰をしないから生徒にナメられるのだという圧力は信条をあっという間に放棄させ、火がついたかのように生徒を殴り、足蹴にするほどのキレかたをさせてしまう。体罰で生徒を暴力管理することは、教員の思想信条やモットーを崩壊させるほど甘美なものなのか。体罰という恐怖によって、抵抗してこない、抵抗することを許されないことが前提とされている子どもたちを服従させることは、それほどまでに「魅力的」なのか。

## 学校外なら暴行罪成立――一九七六

体罰によって引き起こされた子どもの「死」は戦後だけを俯瞰《ふかん》してみても、公にカウントされているだけで数十件あるだろう。中津商陸上部部長のA子さんや桜宮高バスケット部主将の男子生徒のように、教師による体罰を受けた心的ショックから自ら命を絶つケース、岐陽高や、後述する近畿大学附属女子高校事件のように体罰による外傷性ショックなどで死亡する傷害致死事件など、いくつものパターンがある。

岐陽高事件のようなケースは即刻、加害者たる教員は現行犯逮捕され、刑事裁判に付されたあとに実刑となるわけだが、中津商事件のようなケースでは概して刑事事件には発展することなく、いずれも民事裁判で体罰と自殺の因果関係が争われ、責任の所在が問われることが大半だ。死を選んだのは子ども本人なのだから、自殺の理由が体罰を受けたことであると明記された遺書のような「物的証拠」がない限り、死んだ子どもの家庭の事情や、本人の性格の問題に原因がスライドさせられていくのを私は嫌というほど見てきた。

中津商のA子さんの死から少しさかのぼるが、裁判によって体罰と子どもの死の因果関係が激しく争われた例として、一九七六年五月に起きた茨城県水戸市立第五中学校二年のE君の死がある。E君は学級委員で、体力テストの日に係を割り振られ、「なんだ、○○と一緒か」と担当の女性教員（当時四五歳）を呼び捨てにしたため呼び出され、頭を数回叩かれていた。そして八日後、E君は脳内出血で死亡する。火葬してから二五日後に初めて、両親は教員による体罰の事実を知った。

水戸地検は、教師の行為と死亡との因果関係は不明としながらも教員を暴行罪で起訴し、水戸簡裁で罰金五万円の略式命令が出されたが、その後、一九七七年六月に教員側が判決を不服として正式に裁判を申し立てる。水戸地裁では、現場を目撃した四人の生徒が「（その教師は当日）こぶしで頭頂部付近を強く叩いた」と証言したほか、当該教員はほかの生徒に対しても体罰を行っていたことや、水戸五中全体でも体罰が横行していたことなどが明らかになった。一九八〇年一月に水戸地裁は生徒らの証言を採用し、〈私憤による暴行〉〈学校教育法で禁止された体罰にあたる〉と違法性を認定し、暴行罪で罰金三万円の判決を下した。教員は控訴、一九八一年四月の東京高裁（二審）判決は〈正当行為〉と認定し、逆転無罪となった。

　東京高裁判決は、〈四〇〇名前後の生徒と十数名の教師の面前、いわば衆人環視の中でなされたにもかかわらず、大多数の者は気づかず、また話題になった形跡もない。生徒はおとなしく叱られていたし、女性教諭も感情を高ぶらせて激しい行動に出る状況ではなかった。言葉で注意しながら、生徒の前額部付近を平手で一回押すように叩いた他、右手の拳を軽く握り、その拳を振り下ろして生徒の頭部をこつこつ数回叩いたのであり、原判決のいうように、強く殴打したと認定するには疑問が残る〉と認定したのだ。E君が叩かれていた場所から数メートル離れた場所にいて、目撃はしていない同僚教員の「気合いを入れている程度」という証言を採用し、目撃した生徒たちの証言は「誇張」だとして退《しりぞ》けた。

　その上、東京高裁は教員の行為を〈女性教諭の行為は「軽くこつこつと叩いた」にすぎず、私憤によるものではない〉と正当としながら同時に、「体罰」の範囲について〈（生徒を懲戒するにあたり）平手及び軽く握った右手の拳で同人の頭部を数回軽く叩いた〉は、〈外形的には……身体に対する有形力の行使ではあるけれども、学校教育法一一条、同法施行規則一三条により教師に認められた正当な懲戒権の行使として許容された限度内の行為〉だとして〈適法な懲戒〉と認定した。

しかし、一方で〈教師としての節度をいちじるしく逸脱したものとは認められない。かりに、それが見ず知らず、他人に対してなされた場合には、有形力の不法な行使として暴行罪（刑法二〇八条）が成立する〉とも断じたのだった。言い換えれば、路上で見知らぬ人に対してすれば犯罪だが、学校内は「学校外」の社会とは違う常識が通用し、同じ行為でも犯罪ではないということになる。

さらに東京高裁は、「懲戒の手段方法」を口頭による説諭を原則としながらも、〈単なる身体的接触（スキンシップ）よりもやや強度の外的刺激（有形力の行使）を生徒の身体に与えること〉には、教育上肝要な注意喚起行為ないしは覚醒行為としての効果があるから、〈有形力の行使と認められる外形をもった行為は学校教育上の懲戒行為としては一切許容されないとすることは、本来学校教育法の予想するところではない〉と踏み込んだ。ちなみに桜宮高事件などを受けて文部科学省が二〇一三年三月に通知した「体罰に当たらない」行為はこの判決が根拠の一つになっている。これについてはまた後章でふれたい。

この裁判の中で検察官が当該教員に対して、「どの程度の行為ならば体罰に当たるとお思いですか」と質問すると、教員は「教育的価値が前面にあり、必要性があるのであるならば多少の苦痛を伴うものであっても体罰に当たらないと思います」と答えた。これは多くの体罰を肯定する教員や保護者の意見を代表するものだろう。

E君の死因については、〈生徒は、八日後の五月二〇日に脳内出血で死亡しているが、死亡と本件行為との間に因果関係はない。当時、Eくんは風疹にかかっていた〉と判断をした。民事訴訟でも〈暴行と死亡の因果関係は立証できない〉と、東京高裁は遺族の請求を棄却した。

## 体罰に当たらない「有形力」行使とは――二〇〇二

もう一つ、「体罰」の基準を示す判例がある。

二〇〇二年一一月、天草市立の小学校で、二年生の男児がふざけて教員のお尻を蹴って逃げ出し、教員は男児を捕まえ、胸ぐらをつかみ壁に押し付け、「もうするなよ」と怒鳴るという出来事が起きた。この教員の行為が体罰に当たるかどうかが民事裁判で最高裁まで争われた。

ディテールを見てみよう。教員は三年の担任で男児との面識はなかった。当日、一時間目の休み時間に教員は、校舎一階の廊下でだだをこねる三年生男児をしゃがんでなだめていた。そこに当該の男児が通りかかり、教員の背中に覆いかぶさるようにして肩をもんだ。教員が離れるようにうながしても男児は肩をもむのをやめなかったので、教員は男児の上半身をひねり、振りほどいた。そこに六年生の女子数人が通りかかると、男児は同級生と一緒に、じゃれつくように六年生の女子を蹴り始めたので、教員はこの行為を注意した。その後、教員が職員室へ向かおうとしたところ、男児が教員の背後から臀部《でんぶ》付近を二回蹴って逃げ出した。教員は立腹して男児を追いかけて捕まえ、洋服の胸元をつかんで壁に押し当て、大声で「もうするなよ」と叱ったというものだ。

するとその夜に男児は自宅で大声で泣き始め、母親に「眼鏡の先生から暴力を受けた」と訴えた。その後も男児は夜中になると泣き叫び、食欲が低下するなどの症状があらわれ、通学にも支障を生ずるようになり、通院治療が必要になるまで悪化した。男児はやがて回復するが、その間、母親は激しい抗議を教員に繰り返したという。さらに、違法な体罰を受けてPTSDになったとして天草市を相手に三五〇〇万円の損害賠償請求訴訟を起こすに至ったのである。

一審の熊本地裁判決（二〇〇七年六月）は、教員の行為は個人的な感情をぶつけたもので、教育的指導の範囲を逸脱している、と判断。男児のPTSDとの因果関係も認め、およそ六五万円の支払いを命じた。福岡高裁判決（二〇〇八年二月）は、PTSDとの因果関係についてしは否定したが、胸元をつかむという行為については、〔けんか闘争の際にしばしば見られる不穏当な行為であり（男児を）捕まえるためであれば、手をつかむなど、より穏当な方法によることも可能であったはずである」ことや、面識がなかったこと、体格差などを勘案して、男児の味わった恐怖感は相当なものだったと判断した。地裁・高裁とも「胸元をつかむ」という教員の行為は、学校教育法第一一条に規定されている体罰に該当して不当であると判断した。

そして最高裁は二〇〇九年四月、五名の判事が全員一致で一審・二審を破棄した。最高裁の判断を要約すると、大声で「もうするなよ」と叱った行為は、児童の身体に対する有形力の行使ではあるが、他人を蹴るという男児の一連の悪ふざけをしないための指導として行われたものであり、悪ふざけの罰ではなく、男児に肉体的苦痛を与えるために行われたものではない、とした。教員は自分自身も男児の悪ふざけの対象となったことに立腹してこの行為を行ってい て、やや穏当を欠くところがなかったとは言えないとしても、この行為は、その目的、態様、継続時間等から判断して、教員が児童に対して行うことが許される教育的指導の範囲を逸脱するものではなく、学校教育法第一一条の「体罰」には当たらない、と認定した。

先にふれた文科省が二〇一三年三月に出した通知には、「教員の『有形力』が生徒に働いても体罰に当たらない『正当な行為（通常、正当防衛）』」という具体的な例示があるが、これにはこの最高裁判決がそのまま反映されている。

桜宮高事件に続くかのように、二〇一三年一月、日本女子柔道ナショナルチームの選手一五名が、監督らから受けた体罰やハラスメントを告発し、それを看過していた全柔連の「体罰容認体質」が明らかになった。実は柔道に関連する体罰事件は、学校現場でも以前から頻繁に起きている。

二〇〇四年一二月、横浜市立奈良中学校で、当時二六歳の柔道部の男性顧問が練習中、柔道経験が一年に満たない男子部員に対して巴投げ、大外刈り、背負い投げや一本背負いなどの技を連続してかけて、最後は締め技で落とし、結果として急性硬膜下血腫や脳挫傷などのけがを負わせ、高次脳機能障害などの後遺症が残ったという事件が起きた。

顧問は生徒が意識がもうろうとしているところをビンタを張って覚醒させて休憩も与えず、再度、乱取り稽古を続けた。男子生徒は帯を締め直していた際に意識を失い、救急車で救命センターに運ばれた。

顧問は、講道館杯日本体重別選手権男子七三キロ級で優勝したこともあり、またサンボの世界選手権にも出場したことがある柔道エリートだ。事件後、市教委の調査に対し、「生徒に柔道の技術的指導をしていただけで、しつけや懲罰的な意図はまったくなかった」と答えているが、事件を目撃していた柔道部の生徒たちは、県警の聴取に対し、「明らかに指導の範疇ではなく、やりすぎだと感じた」と話している。体罰や暴力的懲罰と柔道技の差異とはいったいなんなのだろうか。

この事件は市議会で取り上げられたことで新聞記事となり、その記事がきっかけで神奈川県警が独自に捜査を開始する。生徒と両親は、明らかに柔道でない技を使って傷害を負わせたとして、教員を傷害罪で告訴した。

神奈川県警は、教員が稽古に乗じて生徒を痛めつけようとしていた疑いが強いと判断して、業務上過失傷害容疑ではなく、傷害容疑で送検したが、横浜地検は〔嫌疑不十分〕で不起訴処分とした。けがの原因は顧問の投げ技と判断したが、①顧問は生徒の頭を畳に打ち付けていない、②生徒の頭部に目立った外傷はないことなどから、〔技をかける時点で傷害を負わせる意図までは認められない〕〔部活動の一環〕〔指導が目的で、社会的常識を逸脱した違法性はない〕と結論づけたのだ。業務上過失傷害についても、〔回転だけで脳に障害が出るとまでは予測できなかった〕と不起訴の理由を明らかにした。

生徒と両親は処分を不当として横浜第一検察審査会に審査の申し立てを行い、検察審査会は、業務上過失傷害容疑で再度捜査の上、処分を再考するよう求める「不起訴不当」の結論を出したが、検察は再び不起訴決定とする。

学校側から教育委員会に提出された事故報告書には、「柔道部の練習と傷病との間には直接の因果関係はない、と保護者から聞いている」という記述があった。生徒の両親はのちに内容を知り、そんな話をした記憶はないと、削除を申し入れている。また、市教委の担当者は、「電信柱に頭をぶつけてから登校したのではないか」などと被害生徒の家族に言ったこともあるという。

市教委も、「絞め技とけがの明確な因果関係は認められない」とする最終報告をまとめた。警察が因果関係を認めたことに対しては、当初は「市教委の調査では教諭に傷害や業務上過失傷害などは確認できなかった。警察は違った判断をしたが今も教諭に不法行為などはなかったと認識している」とコメントしたが、のちの記者会見では「捜査権限を持った警察が十分に調べた結果なのだから、そのとおりなのだろう」と前言を撤回している。当該教員は書類送検直後に教壇を離れ、大学に通って、「学校の安全管理」などを学び、約二年後に横浜市立の別の中学校で再び教壇に立っている。

全国柔道事故被害者の会によれば、中学、高校における柔道事故の死亡者は一九八三年から二〇一〇年の二八年間で、驚くべきことに一一四名にも上る。年平均四人以上の死亡者を出すこの数字は、ほかのスポーツに比べても、突出して高いことは間違いない。同被害者の会はこういった事故により子どもを亡くした親たちの集まりだ。

同会によればこの数字には、遷延性意識障害（植物状態）や、後遺症によって深刻な高次脳機能障害に現在も悩まされている方の数は含まれていないという。そして、さらに、学校管理下で起こった事故の死亡者数のみであり、学校以外の場所での柔道事故の死亡者は含まれていない。これを単なる指導者の資質の問題だけに収斂させてしまっていいものだろうか。

私は柔道が危険なスポーツであると強調したいのではない。問いたいのは、柔道指導者全体の意識が、「厳しい練習」と体罰やハラスメントを一緒くたにしていたのではないかということである。そして、指導者たちがそのような暴力的環境の中で育ってきたのではないかということだ。

奈良中学事件の被害生徒の両親は、「全日本柔道連盟や文科省は、『技能差・体力差がある場合は危険が増すから、体力にまかせた無理な技はかけてはならない』と手引書に明記しています。危険が予見可能だからこそ、注意を喚起しているではないですか。（中略）これは捜査機関が目をつぶってきた結果ではないのですか。柔道連盟が毅然と暴力を排除しなかった結果ではないのですか。（後略）」という意見を表明している。

この教員は、意図的に一般的に言う殴る・蹴るなどの体罰をふるったわけではないが、柔道事故の場合、技に名を借りた制裁、稽古に名を借りた暴行がありうるという視点を忘れてはならないだろう。個々の事例を指導していた柔道家や顧問教師などの個人の責任に帰することは簡単だが、のちの章でふれるように、本来の柔道には暴力性も体罰も暴言もハラスメントも無用である。ましてや子どもたちの「死」を招いてはならない。柔道家を束ねる全柔連がこうした問題を軽視してきたことの結果の一つが、日本女子柔道ナショナルチーム選手らの告発だったのではないだろうか。

## 暴力の学校、倒錯の街――一九九五

もう一つ、体罰死事件を取り上げたい。この事件については事件発生直後から、加害教員の実刑が確定するまでを綿密に取材し『暴力の学校　倒錯の街』（雲母書房）というノンフィクションにまとめた。「倒錯の街」というタイトルをつけたのは、事件後に加害教員の嘆願署名運動と期を同じくして、命を奪われた女子高校生や遺族に対する心ない噂や誹謗《ひぼう》が地域にまき散らされ、加害者が「被害者」となり、あたかも被害者が「加害者」のように扱われるという倒錯した現象が起きたゆえである。私はその噂を培養したのは誰だったのかをたどるべく、事件が起きた学校のある地域を歩き回ったのだった。

事件が起きたのは一九九五年七月、福岡県飯塚市の近畿大学附属女子高校（現校名・近畿大学附属福岡高校）である。商業科担当のA教員（加害教員）が、自分が担当する科目（簿記）の追試の際、追試を受けない生徒数名が二年一組の教室に残っていたので、教室の外に出るように指示したところに端を発した。

命を奪われた被害生徒の名前は『暴力の学校〜』では実名（加害教員等も実名）だが、本書ではG子さんとしておく。二年一組はG子さんが在籍しているクラスだったが、彼女は追試の対象者ではなかった。彼女は簿記の試験でクラス中三位である八六点をとり、合格点に達していたからだ。

A教員が教卓のところから、「G子、おまえ、試験に関係ないだろう。出ていけ」と怒鳴るように注意したところ、G子さんはA教員の指示に従わず、教室後方の壁に取り付けてあった鏡の前に行き、髪を手で整える仕草をした。

さらにA教員はG子さんがスカートの丈を折り曲げているのを咎《とが》め、スカートの丈を元に戻させようと、折り曲げたところを右手でつかみながら、「元に戻せ、直さんか」と強い語調で注意をした。G子さんは少しふてくされた感じで「わかっちょる」と答えた。

## 「殴られた」記憶、「叩いた」程度の認識

その態度にカッとなったA教員はG子さんを右手で一発ひっぱたいたあと、今度は、廊下に出ようとした彼女を「スカートを曲げちょろうが」と言いながら後ろから押し、転倒させている。二人の一挙一動を見ていた目撃者は、G子さんの背中を押したのはA教員の右手だったことと等も詳細に記憶していた。

G子さんはその場に倒れてしまい、両手両膝を床についた四つん這いの恰好になった。彼女

が倒れながらも、両手で折り曲げていたスカートを直そうとしていることも目撃者は見ていた。倒れたとき肩にかけていたカバンが床に落ち、中からエチケットブラシが飛び出した。倒された G子さんは気丈にもすぐに立ち上がり、「そんなんしたら直されんやん」と言いながら教室を出ていこうとすると、A教員はさらに彼女に「何ちゃ？」と言いながら背中を押して廊下に出し、二人は向かい合うような恰好になり、A教員はビンタを張り出した。

このときのA教員の記憶は消し飛んでいるのか、警察や裁判等で証言した自身の記憶と、周囲で見ていた目撃者たちの証言とは大きく食い違う。体罰事件の多くは被害者と加害者の「言い分」が食い違うものだ。それは殴った側が「過小申告」しているせいか、記憶が飛ぶほどの激昂した精神状態にあったからということになる。また、体罰を受けた側が「殴られた」と表現しても、日常的に体罰をふるう側は「叩いた」という程度の認識しかないことが多い。これは感覚の麻痺《まひ》と言える。

たとえばA教員の証言に、「押したような記憶がありません。私はG子のあとを追いましたが、ちょっとその間に時間があったように記憶しており、G子より少し遅れて（中略）出入口から廊下に出た記憶です。というのは試験をさせていたのでそちらのほうも気になり、みんなが試験をやっているのを見たからであります。みんな、机に座って試験に取り組んでいるのを確認した後、このままでは捨てておけないと思いました。素直に謝らずスカートの丈も直さず無視されたと思い、腹立たしく思って半分頭にきていました。再々試験を受けている一〇人の中にはこれまで叩くなどした生徒もいて、このまま見過ごしてしまうとみんなの手前よろしくないと思いましたし、また問題行動が起きやすい夏休み前だしきちんと筋を通すべきであるとも思いました。とにかくこのままでは済まされないと思い、体罰を加えてでも謝らせ、スカートの丈を直させなければならないと思いました。個人的感情でも頭にきていたので体罰を加えて指導しようと思ったのです。『このヤロウ』というように腹立たしく思っていたので、少し遅れて廊下に出ました」というものがある。

しかし、周囲の目撃者はかなり強く押し倒したようだったと口を揃えている。そもそも突き飛ばすようにしなければG子さんは転倒などしない。そしてこの証言からは、G子さんに対する怒りをコントロールできなかったこと、ほかの生徒への見せしめ的な意味があったことがわかる。教師と生徒という上下関係に加え、性差による圧倒的な体力差にものを言わせて執拗に追い詰めているところは、サディスティックで性暴力的ですらあると私は思うのである。

G子さんのあとを追うように廊下に出たA教員は、自身の証言によれば、「おまえ、たいがいにしとけよ」と怒鳴りつけながら、右手掌部で左肩付近を強く突き、続けて左手掌部でも右肩付近を力を込めて突き、彼女を後方にのけぞらせるようにして突き飛ばした。G子さんの背中側、つまり廊下の窓の下には高さ九〇センチほどの下駄箱が設けられ、窓の内側には転落防止用の鉄柵が横についていた。突き飛ばされた彼女はその勢いで、頭頂部から後頭部あたりを、転落防止用の鉄柵に強打させてしまう。

## 体罰が日常風景と化していた空間

A教員は身長こそ大柄でないとはいえ、屈強な体格で相当の腕力であったことは容易に想像できる。暴行を受けながら追い詰められるような恰好で下駄箱に乗り上げるようになったG子さんはそれでも必死で身体を起こそうとして、「先生、何しよっと、先生なんね」と言いながら、しがみつくようにA教員の襟首を右手でつかんだ。

するとA教員は、G子さんが立ち向かってきたものと勘違いし、「先生に楯突くのか」と思い、「おまえ、何しようとか」と怒鳴りながら、襟首をつかんでいるG子さんの手を右手で払いのけ、同時にG子さんの右額部から右側頭部付近を左手で下から上に突き上げるようにして力任せに押した。彼女は後方にのけぞり、廊下の窓側に設置された下駄箱の上に座るようにして倒れ、廊下の窓付近でその後頭部を強く打ちつけた。そして、その勢いで左側に崩れるようにして、コンクリートの柱で頭頂部を強く打ちつけた。廊下にいた目撃者の証言によれば、G子さんはコンクリートに頭頂部をぶつけたあと上半身を起こし、A教員を睨みつけるような感じで下駄箱の上に座ったままの体勢になっていた。おそらくその時点で気を失いかけていたと推測できる。その直後、G子さんは正面に立っているA教員の体とすれ違い下駄箱から落下するように、床の上に崩れ落ちた。

A教員はG子さんが下駄箱の上に腰から乗るような恰好になったとき、G子さんの顔色が変わるのを確認している。のちに「血の気が引くような顔色になり、唇が青くなりました」と証言しているからだ。G子さんが崩れるようにして倒れたため、A教員はびっくりして、すぐにG子さんの首の後ろに右手を回して抱え、左手でセーラー服の襟首を持って立たせようとしたが、G子さんは膝がガクンと折れ、再び崩れ落ちた。

ここでA教員は我にかえったのだろう。名前を叫びながら、廊下に横たえたG子さんの顔を何度も軽く左手で叩いた。彼女は口から白い泡を吹いていた。A教員は大声で「救急車を呼んでくれ」と叫んだが、その声を聞きつけた生徒は救急車を呼ばずに養護教員を呼びに行ってしまう。

G子さんはA教員と生徒らの手により保健室に運び込まれた。が、養護教員や駆けつけたほかの教員らは保健室で手に負える状態でないと判断し、救急車を要請する。

養護教員は「どうしたのですか」と電話口で聞く救急隊員に対して、「男性の先生に生徒が叩かれて倒れました」と答えると、救急隊員は「じゃあ、傷害ですね」と言って電話を切り、警察に通報。救急隊員が到着した直後、二〜三人の警察官も保健室に入ってきて、すぐにA教員はパトカーで飯塚警察署に連行されていった。逮捕容疑は傷害だった。

すぐに事情がのみこめず、右往左往した同校の教員たちのうろたえぶりはわからないでもないが、A教員が救急車を要請したのに、どうしてもっと早く呼ばなかったのかと、私は裁判を傍聴しながら思った。

教員に体罰を受けて昏倒したと生徒から通報されているにもかかわらず、保健室に運ぶというのは、のろまな対応としか思えなかった。その間の数十分のうちに救急病院に搬送されていたら、結果は違ったものになっていたかもしれないと遺族が唇をかみしめていたのを、私はよく覚えている。彼らは、体罰で生徒が大けがをしたり、倒れるということをまるで想定していなかったのではないか。

のちの裁判や私の取材で明らかになっていくことだが、同高校にはA教員以外にも体罰教員の一派がおり、体罰が日常化していた。体罰が日常風景化していたことで、危機意識が麻痺し、生徒の命の危機が起きるかもしれないという予測ができなくなっていたのではないかと、私は当時考えた。

G子さんは翌日に病院で死亡。加害教員は逮捕・起訴され、学校法人近畿大学は一カ月後に判決を待たずに早々と懲戒解雇した。

一九九五年一二月、一審の福岡地裁はA教員に対して、懲役二年の実刑判決を下した。A教員は控訴したが、二審の福岡高裁も一九九六年六月に〔一方的に被害者に暴行を加えた〕〔私憤に由来する暴行〕と認定し、一審福岡地裁判決を支持した。A教員は上告せず、懲役二年の実刑判決が確定する。

## 地域が一体となり被害者側を誹謗中傷

この事件は地域が一体となって加害教員を守り、被害者生徒や遺族家庭を誹謗中傷するという狂気じみた異様な展開を見せた。

事件直後から卒業生らが中心となり、裁判所に対して加害教員の寛大な処分を求める署名運動が動き出した。嘆願署名運動は、「被害者はとんでもない不良生徒だった」「覚醒剤をやっていたからちょっと殴られただけで死んだのだ」「被害者の父親はオウム真理教の信者だ」といった事実無根の誹謗中傷がばらまかれる中で展開され、集まった署名は七万人分を超えた。最終的に飯塚市の人口よりも多い署名が集まったのは、加害者のことも被害者のことも知らない多数の人々が無責任に名を連ねたからだ。署名用紙が人の手から手に渡るとき、ありもしない噂がまき散らされ、それがどんどん肉付けされた。いつの間にか加害者と被害者が逆転し、「手のつけられない不良生徒に手を上げざるを得なくなり、偶然にも生徒が亡くなってしまったかわいそうな先生」像が地域の中でつくられていった。

たとえば署名運動に参加したある女性は、用紙を持って回った先で、「この子はシンナーを吸って、入れ墨をしたワルい子だったんですってね。先生が注意してポンと押しただけでそうなったんですよ。かわいそうだけど死んでしまったから、しょうがないじゃないですか。A先生も運が悪かったんです。先生がかわいそうだから、署名してもらえませんか」と話した。

この女性が嘘をついているのか、歪曲しているのか、事実を知らないのかはわからないが、被害者を貶《おとし》めて署名してくれるよう迫ったことは間違いない。

私は署名用紙が回ったルートをさかのぼる形で地元を歩き回り、体罰の常習者であったA教員をかばう人々を訪ね歩いた。どういうルートで署名が回ったのかをたどり、その発信元を探し求めて訪ねていった。飛び込みで街中の商店などに入り、署名が回ってきたかを確認し、回ってきたことがわかると、そのときの様子をつぶさに聞き取った。取材しながら、私が被害者に対する噂を否定すると、ときに激しい口論になってしまうこともあり、私はあっという間に街の平穏をかき乱す迷惑者というレッテルを貼られた。取材先で一〇人近い「親加害教員」の人々が待ち受けていたこともあった。

署名用紙が回った道筋をたどると、その起点になった加害教員の教え子の女性に行き当たった。私が、被害者についてのデマが飛んでいることは知っているかどうかを尋ねると、「父親が入れ墨をしているという噂があることは（筆者から）初めて聞きました。しかし、いろんな人から、G子さん本人が入れ墨をしていたとは聞いたことがあります。そんなことはどうでもいいのです。子どもには、ワルい時期もありますから。でも、先生が何もしてない子を殴ったりしたら、私たちも運動はしなかったと思います。ああいう状況だったら、先生も人間なんだから、カッとくるでしょう。体罰が法律で禁止されていることはこの裁判で初めて知りました。昔も今も生徒は叩かれていたから、悪いことをしたら叩かれるのは当たり前だと思っていました」と表情を変えずに話したのである。

私が「調査したところ、明らかに署名運動とデマは一体化している」と伝えると、だんだんと彼女は表情を曇らせ、涙をにじませるようになり、鼻水をすするようになった。

それでも彼女は、「(被害者の)悪口を言って署名を集めることはしていません。でも、逆にあの子はいい子やったんよ、というのは聞かないでしょ。まじめな子が、そんなふうに先生を挑発しますか。注意されたら、黙って教室を出ていくでしょう。そんな子がいる？ニュースで『G子を返せ』と同級生の子たちが叫んでいるところを見たけれど、ああいう子たちを指導するのも大変だと思う。まあ、A先生とG子さんの関係を知らない私たちが言っちゃいけないわよね」と言い、「こっちが署名用紙を持っていくと、『あの子、悪かったんだってねえ』と言われたぐらいです。でも、(G子さんは)試験に関係ないのに(教室に)いたわけでしょ。(先生の注意に)知らん顔するなんて、男の子でもそんな子はおらんでしょう。G子さんにとって怖い先生というならば、なんで怖い先生を挑発するようなことをしたんですかね。注意されて鏡を見たんでしょう。黙って教室を出ていけば、ああいうことにならなかったのに。そこがわからないんです。先生は相手を殺そうと思っていたのではなくて、G子さんがつかみかかってきたから、払いのけたんでしょう。反抗していると思ったんでしょう。A先生は賠償金までとられて、その上、お金まで騙しとられてかわいそう（筆者注＝事件直後、教育委員会を名乗る男がA家を訪ね、賠償金を預かると偽り、多額の金銭を騙しとった事件）。退職金も出ていないのに、かわいそうです」とまで言い切った。

## 学校のよき記憶を否定されたくない心理

私が質問を続けている間、彼女は何度も、考え込み、ため息をつき、仕事の手を止めた。彼女に悪意はなかったのだろうと思う。しかし、彼女の言葉にもあるように「G子さんが悪い子だったから、先生は殴ってしまったんだ」という意識が署名運動の根底にはある。加害教員はむしろ被害者であり、「かわいそう」な存在なのだ。その意識は、噂やデマを培養し、増幅していくことはあっても、打ち消すことはない。彼女の視界にあるのはお世話になった「先生」だけなのだ。その狭窄《きょうさく》した視野と言うべきか、彼女たちの「先生との思い出」のような記憶が、皮肉ながら体罰を支える構造の分厚い下層になっているのである。

このような「市民運動」はこれ以降も、体罰関連の事件やいじめ自殺事件のたびに全国のあちこちで起きている。最初は一部の人々の無垢な善意からスタートするのだが、やがて一人歩きを始めて、被害者側のせいで、加害者側が迷惑をこうむっているという倒錯した意識が広がっていく。それが悪質な噂の類になったり、嫌がらせ電話や脅迫めいた手紙になりもする。子どもが体罰を受けたことを抗議した父親のところに、注文していない高額な品物が大量に送りつけられたりということも珍しくない。

このような運動は「厳しいけれどいい先生だった」という加害者を擁護する理由で始まるが、その根底には、自分たちの学校の記憶や体験を美化・正当化したいという心理も働いているように私には思われる。

桜宮高事件のあとでも、橋下徹市長が断行した桜宮高のスポーツ専攻科の廃止や、教員人事の刷新などの荒療治的改革に対して、現役の桜宮高生らが記者会見をして橋下市長に再考することを訴えた。顔こそ出さなかったが、記者会見までするところを見ると、彼らの学校を思う純粋な気持ちによるものと解釈したい。しかし、そこでより強く働いていたのは、体罰で誰かが死ぬことがあったり、けがをしたり、精神的に傷つくことがあっても、学校や教師が自分にとってはよい思い出や記憶なのであればそれを汚されたくないという思いではないだろうか。

彼らが橋下市長に懇願していた、自分たちから教師や学校を奪わないでほしいという思いは、裏を返せばそういうことなのだろうと私は思う。

亡くなった子どもの同級生らから直接、言葉が遺族に向けられることもままある。「(学校を追及することで)学校の評判を落とさないでほしい」「先生は本当はいい人なのだからもう責めないでほしい」。そういった類の言葉だ。

それから、事実を知ろうとして学校と対峙《たいじ》する遺族に対する、「そんなことをしても(亡くなった友だちは)喜ばない。僕らが亡くなった友だちの分も頑張ることが一番いい」などの、一見すると無垢な子どもらしい言葉も、遺族にとっては胸をえぐられるようなものである。

厳しすぎる見方かもしれないが、これらの言葉は、青春に名を借りた子どものエゴであって、それによって遺された者がどれほど苦しい思いをするのかが想像できないという意味では、署名運動を起こした大人たちとたいした違いはないのではないかと私は思う。

理不尽な子どもの「死」をそんなに簡単にかたづけてはいけない、遠ざけてはいけないというメッセージを、大人の側から子どもたちに伝えねばならない。「事実」を探し求めていくことは多くの人々にさまざまな苦痛を強いることになろう。しかし、そこから逃げてはならないと思うのだ。

先の署名運動の核の一人となった女性の場合も、体罰それ自体を肯定するというよりも、その教員の人格、あるいはその教員と過ごした青春の日々、あるいは自分が所属・帰属した共同体を傷つけられたくないという意識のほうが強く働いていたのではないか。何が起き、誰が犠牲になったのかを考える前に、被害者側の支援者たちだったり、メディアの報道だったり、桜宮高のときは荒療治を下した橋下市長だったりが、自分たちを傷つけようとしている「敵」であるととらえてしまう。自分がよき思い出をつくることができた（あるいは、つくってもらえた）学校や教師が否定されると、自分までもが否定されてしまう感覚になってしまう。こうした学校共同体的意識が体罰を支えてきたのである。

# 第二章 学校という密室

## 「体罰による自殺」から一九年を経ての謝罪

幼い小学生が体罰を受けたショックで自殺に追いやられた事例もある。

一九九四年九月、兵庫県たつの市（当時は龍野市）立揖西西《いっさいにし》小学校（以下揖西西小）六年生の内海平君は、時間を置いて同じ質問を二回したというだけで、担任教諭（当時四六歳）から何度もビンタをされた。平君は学校を出たあと、自宅の裏山で樹に紐をかけて首を吊ったのだった。福岡県飯塚市で女子高校生が体罰によって死亡した前年の事件である。

神戸地検姫路支部は暴行容疑で担任教諭を略式起訴、罰金一〇万円の略式命令が出たが、市教育委員会は当初からの「暴行と自殺の因果関係は不明」という見解を変えず、事故報告書も遺族に自らは開示しなかった。その後、民事裁判によって体罰と子どもの死の因果関係が激しく争われ、市に損害賠償金の支払いが命じられる。これは教育現場での体罰と、子どもの自殺との因果関係を認めた全国初の判決となった。

そして二〇一三年三月、暴行と自殺との因果関係を否定して「事故死」として処理してきた同市教委は一転して「体罰による自殺」と認め、訂正届を文科省に提出、あらためて両親に謝罪したのである。平君の死から数えると実に一九年の歳月を経た、ようやくの謝罪だった。

事件をふりかえる。平君は秋の運動会を前に、帰宅したら運動会のポスターを描こうと思っていた。それは担任教諭から出された宿題でもあった。平君はポスターの図柄について、授業中に「先生、ピストルでもええん？」と質問した。担任教諭は「それ、ええなあ」と感心し、自分ならピストルを題材にしてどういう構図にするか、黒板に描いてみせた。放課後、平君は「ポスターの絵、自分で考えたんでもええん？」と質問する。ピストルの図柄でもいいことはわかっている。ただ、授業中に教諭が描いてみせた見本と異なるデザインでもいいのか、確認したかったのだろう。

するとと担任教諭はいきなり、「何回同じことを言わすねん」と怒鳴り、平君の頭頂部と両頬をビンタした。クラスメートが見ている中、平君は強がってみせたのかもしれない。照れ笑いを浮かべると、担任教諭は「けじめつけんかい」と再びビンタした。平君は口の中を切って出血し、うっすら涙を浮かべていたそうだ。

その後、平君が帰宅しないので心配した家族が総出で平君を捜している中、担任教諭も心配して二度、電話をかけてきた。一度目の電話で「今日きつく叱りました。二度ほど手を上げた。僕のせいかもしれない」と平君の祖母に話している。

そして二度目の電話の最中に、自宅の裏山で平君が首を吊って死んでいるのが祖父によって発見された。飛んできた担任教諭は変わり果てた平君を見て、「すべて僕の責任です」「叩いたあとのフォローができなかった」と言って地べたにへたり込んだ。校長も駆けつけ、遺体にすがって「私は教育者としての資格がない」と号泣している。

その日の夜、担任教諭は警察の事情聴取を受けた際に、平君の自殺の原因として自分がふるった体罰が思い当たる旨を供述している。

## 「事実」が語られなくなっていく

しかし三日後の朝の全校集会では、校長は生徒に向けて「平君が死にました。原因はわかりません。このことについては、何も言わない、聞かないようにしなさい」とだけ話し、平君がいなくなったクラスでは、通常どおりに担任教諭による授業が行われた。

遺族の内海夫妻が校長を訪ねると、校長は「このたびはまことに御愁傷様です。つきましては、担任が、平君の夏休みの作品を夏期作品展に出品したいと言っておりますので、お借りできませんか」と突拍子もないことを言い出した。平君の母親が「平が死んだんですよ。何を言ってるんですか」と大声で抗議をし、遺族は教室で校長を問い詰めた。当日の事実関係を聞き出すと、校長は「担任のとった言動は人間として許されない。教師によるいじめだ。担任の暴行が平君の自殺の動機になっている」とも言ったという。

平君の死から四日後、学校で両親と教諭らの話し合いが持たれた。その席には教育長も遺族に呼ばれてやってきた。父親の内海千春さんも公立学校の教員である。

教育長は「ここでは何もしゃべれない。私は聞きに来いと言われたので、聞きに来ているだけだ」、さらには「この会を早く終わらせなさい。こうして遅くまで集まっていることを報道関係者に嗅ぎつけられると困る」「あなたも将来ある身だ。このことが新聞に出たら困るだろう。読者は中身を読まないぞ。興味本位に教師の息子自殺と書かれるぞ。警察でも最低限度のことしかしゃべるな。私は龍野署の副署長と面識があり、調書も見せてもらうことができる。報道を止めることはできないが、コントロールすることはできる」と露骨に権力をちらつかせて、早くも事態を「鎮静化」させようとする意思を表したのだった。

やがて「龍野市民主化推進協議会」という人権啓発団体の会長、老人会長、婦人会長、民生児童委員代表、各自治会長など地域の有力者らが「揖西西小学校を育てる会」を結成することが平君の遺族に知らされた。その結成の趣旨には「(平君の死の) 原因の究明とか責任の所在を明らかにしたり、追及したりするものではない」と書かれていた。

平君の両親に差し出された会についてのペーパーには、「西小学校の教師が一日も早く明るさと自信を取り戻せるよう、PTAや地域住民は励まし、支えていくことが必要だ。そして将来ある当事者の先生（担任教諭）も教師集団及びPTAとして支えていくことが必要である」「教育委員会は、かかる事態を直視し、誰もが傷つかない学校運営を目指し、努力しなさい」「西小学校の評価が低下しないようみんなで努力しよう」という文面が並んでいた。つまりこれは、地域ぐるみで学校や担任教諭を守るという宣言だった。やがてそれらの団体が母体になり、担任教諭への寛大な処置を求める署名嘆願運動が起きる。体罰は熱意のあまりのものだというようなことが署名用紙の文面には書かれていた。

学校長から市教育委員会に提出することが義務づけられている「事故報告書」は、事件から約一カ月後の一〇月一二日に出された。記者会見で教育委員会は「体罰の事実は認めるが、自殺との因果関係は不明」とコメントした。遺族は教育委員会に事故報告書を見せてほしいと頼んだが、プライバシー保護や公務員の守秘義務を理由に断られた。これはいじめ自殺であれ、事故であれ、「学校」で命を落とした子どもの遺族に立ちはだかる大きな制度の壁である。

のちに遺族が公文書公開条例を使って「開示」された事故報告書には、〔乙（平）は帰宅後、午後八時ごろ、自宅近くの●●●で●●●状態になっているのを、祖父が発見し、自宅に運んだ。午後九時ごろ、乙の自宅居間で、医師・警察が検死した。死因　死亡診断名●●●〕と墨塗りで開示された。報告書の〔事故名〕の欄には〔事故による死亡（管理外）〕と記され、〔原因・状況〕欄には〔不明〕と書かれていた。

事故報告書が「自殺」と断定していないことを理由に、市教委の統計では平君の死を自殺者数にカウントしなかった。のちの民事裁判で自殺か否かが争われた際、市教委を管轄する龍野市は、平君が樹にロープをかけて首を吊っていたことについて、「ロープで遊んでいて、足場が悪かったために乗っていた椅子が倒れたということも考えられる」と屁理屈にもならない主張をしている。

一方、担任教諭の態度はどう変遷していったのか。現場復帰した教諭は遺族宅に連日のようにお焼香に来ていた。だが事件当日はあれほどの憔悴《しょうすい》ぶりを見せていたのに、遺族があらためて当日の様子を聞くと、「わからない……忘れた」と言葉少なに答えるだけだったり、沈黙が続いた。暴行と自殺の関係について問うても、「そんなこと考えてみたことがない。あるとも言えないし……ないとも言えないし……」「暴行と平の死は関係がない」「関係あるか、ないかと問われて、あるとは言えなかったので、関係ないと言いました」とはぐらかすようになっていった。

## 事実を知ろうとする遺族が直面する理不尽

平君の遺族の思いに学校や教育委員会が取り合わない状態が続くと、当然、両者の「対立」が表面化していく。そして同時に内海家についてありもしない噂やデマが流れるようになっていった。「私立中学に入学させようと親が無理強いしていた」「親戚付き合いもまともにできない家庭だった」「ふだんから死にたいと言っていた」などという中傷が遺族の耳にも入るようになったのだ。

遺族に対する誹謗中傷は、事実が明らかにされていないことで発生する。そして、遺族が社会に向けて何か発言したり、行動したりしても誹謗中傷は起きる。沈黙している遺族には噂や誹謗が浴びせられることが少ない。出る杭を打とうとする日本社会の体質なのだろうか。子どもの「死」についてどんな断片でも知ろうとする遺族はその体質をすぐに思い知らされることになり、事実を知るためにそれらと闘う心の準備もしなければならない。子どもを亡くしたという絶望以外に、外からの「鎮静化」や隠蔽と向き合い、理不尽に耐えなければならないのだ。

平君の死が体罰を受けたショックからではないかと、事件からしばらくしてメディアが報じた際には、校長は「叩いたことは認めるが、自殺の原因については思い当たることがない」と取材に答えている。龍野市教育委員会も記者会見で「体罰の事実は認めるが、自殺との因果関係は不明」と発表した。市教委はさらに、「(担任教諭は)三本指でなでただけで、体罰に当たるかどうかわからない」と事実関係までも変えて、因果関係を頑として認めない態度に終始してきた。

一方で、内海さん夫妻は事件直後に平君の同級生らから、担任教諭の日常の態度について独自に聞き取っていた。「先生はしょっちゅう叩いていた」「機嫌が悪いとすぐに殴られた。先生はカッとすると止まらない」「子どもによくやつあたりしている」「先生の機嫌がよい日か悪い日かなんとなくわかって、それに対応していた」「機嫌が悪いと理由を聞かずに叩く、間違っていてもあやまらない」「怖いというより大嫌いだ」「平が死んだと聞いたとき、あれで死んだと思った」。そして、「五年生のとき、体育館でごっつう叩かれた。ごっつう頭にきて、頭の中真っ白になって〝こいつやってもたる。自殺して、こいつクビにしてもたる〟と思ったことがある」などというショッキングなものも含まれていた。

子どもたちの記憶が新しいうちに聞き取らなければ事実が埋もれてしまう。遺族は、時間との勝負も自力で背負わなければならない。大津のいじめ自殺事件では生徒からの聞き取り結果の一部が遺族に公表されたが、それは現在でも例外的である。

平君の両親は神戸弁護士会に人権救済を申し立て、弁護士会は重大な人権侵害があるとして校長と担任教諭に対して警告、市教委に対して勧告を出した。校長への警告に、「事件について事実調査を十分に行っておらず、平君の負傷の事実も報告書に記載していない。その態度は、事故の真相を明らかにし、同種の事故の再発を防止するという点から不十分であるばかりでなく、子どもの事故の事実について、親の知る権利を侵害している」とあり、市教委への勧告には、「校長の調査が非常に不完全であった。今後、校長において十分な調査を行うよう指導し、その結果を速やかに親に開示しなさい」と指示もしているが、市教委は「管理外の事故死、暴行と自殺の関係は不明」という見解を変えることはなかった。

一九九六年に遺族は龍野市を提訴、二〇〇一年、神戸地裁姫路支部は担任教師の暴行が自殺の引き金になったと認めた。平君が自殺した動機については、〔自殺したのは暴行の約一時間後で、ほかの動機が存在しない〕と判断。〔平は、担任教諭から理不尽な暴力を加えられたと感じ、それによって自殺を決意しかねない危険な精神状態に陥り、遂に自殺してしまったものと推認するのが相当である〕〔平の自殺と本件殴打行為との間に事実的因果関係の存することは明らかである〕と結論づけた。繰り返すが、体罰と自殺の因果関係を認める日本の裁判史上初めての判決だった。

そして、〔本件殴打行為は、担任教諭が平の言動に激昂し、感情のはけ口を求めてしたものであると認めることができる。したがって、本件殴打行為を目して懲戒権の行使（教育的指導）と評価することはできず、単なる暴力であったと言わざるを得ない〕と担任の行為は懲戒行為ではないとも認定したのである。さらに自殺の防止についても、〔生徒の受けた肉体的・精神的衝撃がどの程度のものかを自ら確かめ、生徒に謝罪するなどの適切な処置をとって精神的衝撃を緩和する努力をしていれば、自殺を防止できた蓋然《がいぜん》性が高い〕とふれた。

が、一方で〔平に対し、生き続けることを期待することが平にとって酷であったとは言えず、また現に期待されていたと言うべきである。（中略）自殺を選択したこと自体について、平が一定の責任を負うべきものとされるのはやむを得ない〕と、自殺行為そのものについては平君自身の「責任」にふれ、過失相殺分を引いた金額の支払いを市に命じた。市は控訴を断念する。

それでもなお市教委からの謝罪はなかった。すでに述べたが、市教委が平君の死を事故死から自殺に訂正したのは、本年（二〇一三年）三月である。一九年目にしてようやく訂正したわけだが、市教委は記者会見で「（事故死から自殺に）修正できると最近になって知った」と答えている。「大津市のいじめ自殺問題など、社会情勢を考慮した」とも語ったことから、世論を恐れて訂正したものと思われる。

もっとも、体罰と自殺の因果関係を認める判決が確定したあと、当時の教育長は市議会で「事故報告書を書き替える必要はない」と答弁しており、それは撤回されていない。また、報告書の訂正にともなって、担任教諭の処分も変更されるべきなのだが、それもされていない。その一方で市は、損害賠償金補塡のため、日本体育・学校健康センター（現日本スポーツ振興センター）に体罰によって自殺した旨の報告を上げている。これで本当に教育委員会は「事実」を認めたと言えるのか。行政は「書き替える」ということの本質や重大性をわかっていないと私は思う。これでは「書き替え逃げ」に等しい。

そもそも警察の死体検案書に自殺とあるにもかかわらず「事故による死亡」とした理由を類推すれば、警察が「民事不介入」でとやかく言うことがないのを見込んで、「事故＝自殺かどうかわからない」として、学校が責任を追及されるのを回避しようとしたということであろう。

そして、民事裁判で体罰と自殺の因果関係が認められたときも、民事裁判は損害賠償請求が目的なので、行政判断（事故報告書）には関係がないとたかを括っていたのではないか。

ちなみに当時の市教育長は現在、たつの市（二〇〇五年に周辺三町と合併し誕生）の市長になっている。

## 行きすぎた指導に追い詰められた「指導死」

体罰は、ふるう側にとっては、教室内でも部活内でも、子どもに対する「指導」の一環として行われるものだ。学校は子どもが教育を受ける場なので教員が生活面等でなんらかの「指導」を日常的に行っている。その指導は千差万別だが、基本的に懲戒的な意味合いを持っていると言っていいだろう。

耳慣れない言葉かもしれないが、桜宮高事件が耳目を集める時期と相前後して「指導死」という、体罰死でもなく、いじめを苦にした自殺でもなく、教員からなんらかの叱責や指導を受けて、そのときに暴力が介在していなくても、指導を受けた子どもがその後に自殺をしてしまうというケースがクローズアップされるようになった。いわば過剰指導、いきすぎた指導を苦にしたとされる子どもの自殺である。当然のことながら「指導」と自殺との因果関係については立証が難しく、体罰を苦にした自殺以上に裁判で争われることが多い。

「指導死」という言葉は、ある少年の遺族によってつくられた。少年とは二〇〇〇年九月、マンションの一〇階から飛び降り自殺した埼玉県新座市立第二中学校二年の男子である。彼は前日の昼休みに友人からもらったキャンディを食べたことで、大人数の教員に囲まれて吊るし上げのような指導を受け、反省文を書かされ、さらに親が呼び出されることにもなっていた。

亡くなった少年の名前は大貫陵平君という。当日の昼休み、三年生の生活指導担当の教員が、陵平君の所属している二年五組の生徒から菓子の甘いにおいがしていることに気がついた。「どうしたの？」と聞くと、その生徒は「ハイチュウを食べました」と答えたため、教員は生徒を職員室に連れていった。二年五組の担任も加わって、「ほかに一緒に食べた子はいるのかな」と聞くと、ほかのクラスの生徒も含めて六人の名前があがった。ライターを学校に持ち込んでいた子がいたこともわかった。名前があがった生徒たちの各担任に校内で連絡が回り、ほかにも関係している生徒がいたら知らせ合うことになった。

五組の担任は「帰りの会」で「放課後みんなで叱られなきゃいけないんだけど、ほかにも知っている人や食べた人がいるんじゃないの？」と呼びかけたところ、陵平君はすでに名前があがっていた子どもからもらって食べていたので、「僕も昼休みに〇〇君からハイチュウをもらって食べました」と正直に申告したのだった。

結局九名の生徒たちが放課後に会議室に集められ、それに対して一二名の教員がその会議室に集まり、菓子を食べたかどうか、ほかにも食べた者はいないかなど事実確認が一人ひとりに行われたのだった。その場にいなかった生徒の名前がさらに幾人かあがり、教員たちがわざわざ部活の最中の生徒を呼びに走ったりもした。

教員らは、「以前、学年集会で話をしたにもかかわらず、このようなことになってしまったね。学年委員や部活の部長も（ここにいる生徒には）多いね。手を挙げてごらん。このままでは学校がだめになってしまうよ。時間もなくなってしまったので、明日、反省文を書いてくること。その内容は、一つ目はお菓子について、二つ目はほかにまずい点があれば書く。三つ目はこれからどう行動していったらよいか。学級・学年について貢献できること、みんなのためになること、自分で考えてごらん」というようなことを生徒たちに伝えた。このような互いに密告させ合うような指導はやりすぎだという意見もあるだろうが、ごく当たり前の生活指導の風景だととらえる人も多いと思う。

この「指導」があった翌日の夜、陵平君の担任は彼の母親に電話をかけ、指導をしたこと、来週の臨時学年集会で決意表明をしてもらうこと等を伝えている。陵平君は学校にライターを持っていったようなので母親からも確認してほしい。親が学校に呼び出しになるだろう。そんなことも担任は話した。

陵平君の母親はその内容を本人に伝えた。母親は、お菓子もライターもたいしたことではないと思ったが、子どものことで親が学校に頭を下げるのは仕方がないかと、楽観的に考えていたという。担任からの伝言を陵平君は黙って聞き、しばらく自室にこもり、その後に玄関から外に出ていき、マンションの一〇階から飛び降りた。母親と話をした四〇分後のことだ。

彼は遺書を遺していた。

「死にます　ごめんなさい　たくさんバカなことをして　もうたえきれません　バカなやつだよ　自爆だよ　じゃあね　ごめんなさい　陵平」

陵平君が亡くなった翌日、校長が自宅にやってきた。そのときに校長が語ったのは、臨時全校集会を開き生徒に命の大切さを伝えたいということだった。事実関係もわからず、失意の只中にいる遺族に対してどうしてそのような「一般論」を言うことができるのか。遺族は校長のメンタリティを理解できない気持ちにおそわれたという。

結局、全校生徒の前で遺族はわき上がる悲しみをこらえ、遺書と陵平君の書いた反省文を読み上げ、思いを語った。「嫌なことがあったら、嫌だと言おうよ」と父親は呼びかけ、母親は「陵平も含めて、子どもはたくさんの応援団がいるけれどその代表は親です。きっと自分の命を絶とうとした瞬間、陵平はそのことを忘れていたんだと思う」と語りかけた。

担任は集会後、遺族に「学校やクラスで何かあったのでしょうか」と尋ねてきたという。父親は「それは私たちに聞く質問ではない。それを聞きたいのは私たちです」と答えるので精一杯だった。その後も遺族は学校や教育委員会に対して件《くだん》の「指導」の詳細を知りたいと申し入れてきたが引きのばされ、一カ月後にようやく、校長や教員、教育委員会と対面することができた。自殺の理由を特定することはできないが、指導がなんらかの要因であることを認めるのかという父親からの質問に、大方は押し黙ったままだった。

その後、遺族は、多数の教師による少数の生徒に対する指導、反省文を書かせること、ほかの生徒の行動を密告させるような人権を無視した指導を改善すること、さらに保護者からの要望をアンケート調査することなどを申し入れたが、学校は受け入れることはなかった。

## 遺族をも追い詰めていく力学

陵平君の自殺は新座市議会でも取り上げられた。指導に誤りがなかったかが質《ただ》され、彼の自殺の意味や背景を語り合う集まりが持たれるようになった。私もあるご縁でその一員にしてもらっていた。やがて陵平君の死は新聞等でも取り上げられるようになる。

しかし、最終的には遺族は、裁判などを通じて自殺と指導の因果関係を追及することを断念せざるを得なかった。陵平君の母親が、保護者会で「学校の名誉を貶めるようなことはするな」等と責められ、精神的に追い詰められてしまったからだ。

陵平君の父親、大貫隆志さんが書いた手記によると、たとえばあるPTA委員からは、「まず第一に申し上げたいのは、この二中はこの辺では本当に誇れるくらいにいい学校だと思います。このことにつきまして学校がとった処置は正しいと思います。毅然としていただきたいと思います。何で、マスコミにこんな報道が流れたのか。全国放送垂れ流しです。私は本当に頭にくるのです。ご自分たちの問題でしょう。どうして、子どもたちまで巻き込まなくちゃいけないんでしょうか」という声があがり、言葉の合間合間に会場からは拍手が起きた。ほかの委員からも「大貫はなぜマスコミを使うのか」「なぜここでもうマスコミは使わないと宣言しないのか」という批判が集中したという。校長はそれらの個人攻撃的な発言を制止しなかった。それどころか、生徒の学習権や生徒・保護者の動揺を抑えるために事件を報じることを中止するように放送局に頼んだが断られたということを、その場で報告しているのである。

事件がメディアで報じられると在校生が動揺して学習権が奪われるというロジックは、必ず出てくる。私も取材先で何十回浴びせられたかわからないが、これはもっともらしく聞こえる屁理屈にすぎない。事実を追及すること、それがメディアで報じられること、それによる生徒への影響は、それぞれ別に考えられ、論じられるべきものだ。そもそも優先するべきは、一人の子どもが命を絶ったという事実を厳粛に受けとめ、それにまつわる事実を少しでも明らかにする努力だ。それを生徒たちがきちんと受けとめられるよう説明していくことが、教員や保護者の役割だと思う。

子どもが命を絶った周辺の「事実」を少しでも知ろうとする行為を、責任を学校にのみ帰し、遺族の責任等を免除するためにやっているのだという二項対立の構造でとらえてしまう風潮が私は悔しくてならない。いかなる子どもの自殺事件であれ遺族は自分たちを激しく責めている。どうしてせめて一言でも気持ちを打ち明けてくれなかったのか、苦しいと言ってくれなかったのか、そういう慙愧《ざんき》の念を一生背負う覚悟を持ち合わせない遺族は一人もいないと私は断言できる。それがどうして、保護者たちの多くにはわからないのだろうか。私はこういった保護者らの言動をファシズム的だとさえ思う。

陵平君の自殺についての「事実」を明らかにしていこうという以前に、学校を守ろうとする保護者の力学が働き、彼の死の背景は探られることがなかった。遺族は自殺の引き金の一つに教員たちの「指導」があったのではないかという疑念を今も持ち続け、同じような状況で死を選んだ遺族らと手を取り合い「指導死」について社会に問題提起を続けている。

## 体罰教員を守る楯になる保護者たち

昨年の大阪・桜宮高でも男子生徒の自死後、学校では保護者に向けて説明会を開いた。席上、遺族の一人が再発防止を訴えると、その必死の訴えを封じるかのように「先生たちは今までどおり厳しくやってほしい。それが桜宮らしさだ」と発言する在校生の父親がいて、会場からはなんと盛大な拍手が沸き起こっている。

私は彼らの想像力の貧困さを思う。子どもの苦痛に鈍感な彼ら保護者の精神の貧困を憂う。体罰が悪質なのは、やり返すことができない特別な権力関係の中で行われる暴力だというところにあるが、そういう構造を称賛する保護者の意識を疑う。

誰かの子どもは死んだが、自分の子どもは死ななかったというだけで、どうして体罰を支えるのか。殴られ続け、尊厳を傷つけられるような言葉を吐かれ続ければ、生きる気力を失う、あるいは発作的に死んでしまいたくなるという子どもの心の在り方に、少しでも寄り添うことがなぜできないのか。

桜宮高事件の発覚後、文部科学省の要請により、全国の教育委員会が、生徒に体罰の有無を尋ねる実態アンケートを行ったが、兵庫県高砂市立中学校では驚くべき事態が起きた。

「一部の父母会役員」がアンケートの実施期間中、運動部所属の生徒の保護者らに電話やメールで「お世話になった顧問に迷惑がかかるといけないので、調査には『体罰なし』と回答するよう子どもに伝えてほしい」などと求めたというのだ。さらに、一人の生徒が「顧問から、叩かれる体罰を受けた」と回答したことを知った父母会役員が、この生徒の保護者に連絡して、体罰のあった時期を調査対象期間の年度以前の出来事だったと内容を「訂正」するよう要求したという。

アンケートは記名式。生徒に自宅で回答を記入させ、封筒に入れて担任に提出させる形だった。学校単位で集約するため、校長と教頭が一度開封して確認後、厳重に保管していたという。市教委の担当者は「父母会の行為は調査結果をゆがめるもので、あってはいけないこと。結果は厳重に保管されており、学校から漏れたとは考えられず、なぜ父母会に伝わったのかわからない。学校側しか知らないはずの回答内容が父母会側に漏れた経緯を調べている」と述べたと、報道にはあった。

「体罰」は保護者という防波堤に守られている。だから温存され続けた。なぜこれほどのことまでして守るのかはまたあとで詳述したいと思うが、いったいどれほどの保護者たちが体罰死の遠因が、自分たちにもあることを自覚しているのだろうか。

## 自殺を事故死として処理する文科省調査

文部科学省は全国の小中高校を対象に毎年実施する「問題行動調査」で、子どもの自殺件数の統計を二〇一四年の調査から中止することを決めた。文科省調べの数字と、警察庁発表の数字にあまりの差があったことが理由だ。

文科省による調査結果では、二〇一一年度の自殺者数は二〇〇人とされていたが、警察庁の統計では三五三人である。かなりの差が認められる。遺体が発見された場合は、必ず警察が出動し、自殺か他殺か、変死かなどの判定も含めて認知・処理を行うので、警察庁の数字はかなり正確なはずだ。つまり一五〇人以上の子どもの自殺が消えてしまっていることになる。

一方の文科省の調査は、警察が自殺と判定をしても、学校側が管轄外の事故死として教育委員会に報告を上げれば、それがそのまま文科省に集約される。誤差の構造は明白だ。また、警察が自殺と判断した場合でも、学校が自殺にしてほしくないという遺族の「意向」を汲んで、教育委員会に報告しないことがあり、実態が反映されていないこともある。さらに、遺族が知らないところで学校によって事故報告書が作成され、自殺が事故死扱いされているケースもある。

先の陵平君のようなケースなど、遺族が「指導」と自殺の関連性を疑っている事例の多くが、行政上は「原因不明の自殺」とされたり、「事故死」と処理されてしまうのはどうしてか。あるいは「自殺」そのものをカウントしないのはどうしてなのか。

たしかに遺族の希望を受け入れた配慮もあろう。しかし、自殺としてカウントしてしまうと、その原因を調査せねばならない。それにかかる膨大な人的・時間的コストを避けたい。さらに言えば、自殺の原因になんらかの学校の責任を問うような要素が見つかった場合、そのことを追及されたくない。ゆえに「自殺」というカウントをしないのではないか。憶測がすぎるかもしれないが、私にはそう思えてしまう。

文科省が子どもの自殺件数の統計を中止するのは、学校からの報告は信用できないからということを意味する。昨年の警察庁統計で三五三人。ほぼ毎日、子どもの自殺が起きていることになる。この現状を放っておいていいはずがなく、一つ一つ、自殺の背景や原因と思われる要因を解明していかなければ、これを防ぐ対策も立てられない。

## 退部を認められず悩んだあげくの自死

二〇一二年三月七日付の中日新聞は、愛知県立刈谷工業高等学校（刈谷市、以下刈谷工）機械科二年生の山田恭平君が前年の六月に自殺したことについて県内初の調査委員会が立ち上がったことを報じている。恭平君が自殺した二〇一一年六月、当時の新聞を繰ってみても、それを報じるベタ記事もない。

恭平君の遺体が発見されたのは廃車置き場だった。発見したのは母親の優美子さんだ。軽自動車の運転席に座ったまま、まるで昼寝でもしているような姿だったという。足元には七輪が置かれ、練炭が燃え尽きていた。臨場した警察官によって自殺と判断され、司法解剖や行政解剖は行われていない。

恭平君は野球部に入っていたが、若手の社会人技能者や工業高校生が出場して技術を競い合う「技能五輪」の大会にも興味があった。部活と技能五輪に出るための勉強との両立は難しいと考え、「俺、そっちやってみたいから野球部はやめようかな」と迷っていた。しかし、体育教員であるIという監督が「中途半端なことはするな」と言ったこともあり、やめることができなかった。Iは二軍の監督で、一・二年生を指導する。総監督は主に三年生を担当する。

恭平君は一年生の終わりごろに、「あの監督ちょっと嫌だ。すぐ殴る」と口にするようになる。「なんかたるんでるとか、そういう理由でほかのチームメートを殴る」「(友だちが殴られているのを)止めれないのも嫌だし……」とも言っていた。恭平君本人は殴られてはいないが、チームメートに監督が体罰をふるうことに嫌悪感を抱いていることを親にもらしていたのだった。

二年生になってすぐの四月の半ばに「お母さん、俺やっぱり(野球部を)やめたい」と恭平君は言い出し、「自分で言いに行く」と決心を伝えに行く。しかし、その日、肩を落として恭平君は家に帰ってきた。さえない表情をしていると思った優美子さんが、「どうだった、言えた? ちゃんとやめれた?」と聞くと、恭平君は「やめれんかった」と答えた。「おまえ、そんなの逃げてるだけだろう!」とI監督から叱られたというのだ。「俺、逃げてるだけかな……」と恭平君は自分を責めているふうなので、優美子さんが逆に励ますと、「もう俺、諦めた。高校生活、どうでもいい。黙って野球をやるわ」と言い、それからは文句も言わなくなり、黙々と部活に参加するようになったという。

それでも恭平君は「また（監督が）殴っとった」とたまに母親にもらしていた。五月の下旬には、がっくりと肩を落として帰宅したことがあった。「今日、俺すげえ嫌なものを見た。すげえかわいそうだった」と言うので、母親は交通事故で亡くなった人を見たのかと思い、「何を見たの？」と聞き返した。すると彼は、「部室でトランプをやってたやつらが、監督にバレて、みんな殴られた。T（同級生）は蹴りも入ってすげえかわいそうだった」と泣きそうな表情で言った。その出来事を境に恭平君は部活に行かなくなる。

二〇一一年六月五日の日曜日、練習試合があった。恭平君はもちろんそれにも行かなかったが、そのときに初めてI監督は恭平君がいないことに気がついたという。

翌六月六日に、I監督は恭平君を校内で捜した。その日は校内の球技大会で、恭平君は参加していたのだが、I監督は恭平君を見つけられなかった。翌日（六月七日）に校内で恭平君を遠目に見つけたが、恭平君も気づいて逃げたので、野球部のキャプテンを通じて教官室に来るように呼び出しをかけた。これは、I監督自身の証言によってあとになってから判明した。

母親がこうした「自殺直前」の一連の出来事を知ったのは、恭平君が自殺したあとだった。

監督から呼び出された翌日、恭平君が朝から「お母さん、頭がすげえ痛くて気持ち悪くて、今日学校へ行けない」と訴えていたことを優美子さんははっきりと思い出した。その日は風邪を引いたので欠席する旨の電話を学校にかけた。

そして次の日の六月九日、つまり恭平君が亡くなった日、二階から下りてきた恭平君に「今日はどう?」と優美子さんが声をかけると、「うん、今日は行ける」と答えた。前日より少しすっきりした表情に見えたので、家から送り出した。しかし、恭平君が向かったのは学校と反対方向の廃車場で、その日の夕方には死亡していたことがわかっている。

## 遺族が知らない間に事故報告書が提出される

恭平君の葬式の直後、校長と教頭が山田家を訪問してきた。混乱状態にあった優美子さんは、学校が「家庭の問題で亡くなった」という認識を持っていることだけはわかったという。つまりご愁傷様でしたという意味での弔問で、恭平君がI監督とのコミュニケーションや体罰で悩んでいたことは話題には出なかった。

そして、恭平君が亡くなった日の翌日から、家に校長らが何回も来て「遺書はないですか?」としつこく尋ねてきた。「遺書はないです」と遺族は答える。「メモでもなんでもいいんですけど、ないですか」「ないです」。そんなやりとりが続いた。優美子さんが、「何か必要なんですか」と聞くと、「いや、そういうわけじゃありません」と答えた。わが子を突然亡くした混乱状態の中でも、優美子さんは校長らとのやりとりをはっきりと記憶していた。

恭平君はずっとI監督の暴力が嫌だと悩んでいたが、学校からはそのことについて何も説明らしきものはない。優美子さんがしびれを切らしたように、「部活の中で暴力がよくあったと聞きました。恭平が行かなくなったのは、友だちが部室でトランプをやってたという理由で殴られてから、そして『ユニフォームを脱げ、消えろ』と怒鳴られてからです。学校として部活内での暴力というのは知ってたんですか」と教頭に聞くと、「知らないです。暴力があったなんて知らないです」と答えた。

六月二四日には野球部の顧問らが、恭平君が嫌がっていたI監督も含めて初めて弔問に来た。そのときにI監督から、六月五日の練習試合に恭平君がいなかったので、翌日捜したけれどいなかったこと、その翌日に呼び出しをかけたことを聞かされた。恭平君が学校を休んだのは、I監督に呼び出された次の日だった。初めて知る事実に、優美子さんは衝撃のあまり「あっ、そんなことがあったんですか？」とだけしか言葉が出ず、監督らが帰った直後に、「それって……それが引き金になったってことじゃないの」と、我にかえったように疑問に思ったそうだ。

野球部員が何人か山田家に来たときに、「本当にあなたたちは殴られていたの？」と聞いたところ、「普通に殴られたり、蹴られてました」と、日常の出来事だったと答えたという。「どういうときに？」「エラーしたりとか、たるんでると言われたり」「あなたたち、平気なの？」「平気じゃないですけど、殴られるのが嫌だという理由で野球部をやめたくない。野球が好きだから」「それは仕方がないんで……」。そんな会話を遺族は恭平君の部活仲間と交わしたのだった。

遺書も何もない中で、野球部で行われている体罰にショックを受け、退部したくてもそれを許されずに思い悩んでいた息子の姿がありありと思い出される。とくに学校を休んだ日は明らかに様子がおかしかった。学校でいったい何があったのだろうか。遺族の疑念は深まっていくばかりだった。

そこで優美子さんはインターネットで同じ状況を経験した遺族を探し、先述した内海平君の父親である内海千春さんにたどり着き、連絡をとる。このとき優美子さんは内海さんから、文科省が出している「学校事故調査に関わる通知」の存在を聞く。

内海さんは「初期調査はされてる?」と尋ねた。「いや、何もされてない」。当然ながら学校の事故対応マニュアルについては優美子さんが知るよしもない。

「初期調査」とは、二〇一一年六月一日付で出された「児童生徒の自殺が起きたときの背景調査の在り方について」という文部科学省からの通知で、「全ての教員や関わりの深い生徒からの迅速な聞き取り(初期調査)の実施後、できるだけ速やかに、その経過について、遺族に対して説明する必要がある。なお、その際、予断のない説明に努める必要がある」と明記されている。まさに恭平君が亡くなる直前に出されたものだが、これは頻発するいじめ自殺等に対しての学校や教育委員会の対応が不誠実であり、隠蔽傾向にあることへの、遺族だけでなく、世論の厳しい批判を受けて教育委員会あてに出された、現時点では有効（過去に比べれば）かつ重要な指針だ。この「初期調査」の問題点についてはまたあとでふれる。

教頭に優美子さんが「文科省の通知を知ってますか」と問うと、「知ってます」と答えた。「それ（初期調査）、されてないですよね？　全校職員への聞き取りもやってなければ、子どもたちに対する聞き取りもやってないですよね。どうしてやらないんですか？」と重ねて尋ねると、教頭は、「教育委員会からそれをしろという指示を受けていないのでしてません」と言ったという。

さらに優美子さんが、「事故報告書というものはもう書いたんですか？」と聞くと、「とっくに出しました」と教頭は答えた。遺族が知らない間に恭平君についての「事故報告書」が書かれて、六月末に愛知県教育委員会に提出されていたのだった。そのことを遺族が知るのは八月に入るか入らないかのころで、事故報告書が出されてから二カ月近くも経ったときだ。知らないうちにわが子の自殺についての公文書が作成されていたことになる。しかし、これは倫理的には疑問に感じられても、行政手続き上は問題ない。

「はっ？　そんなに早くに出したんですか？」と優美子さんが驚き、「どんなことを書いたんですか？」と言ったら、「いつ亡くなったという連絡を受けてとか、そういう一般的なことです。今までどおりの書き方で出しました」との返事。優美子さんが「それは見られないんですか？」と尋ねたところ、「いや、行政文書なのでお見せすることはできません」とにべもなく断られてしまう。

内海さんのアドバイスもあり、恭平君の遺族は、自治体が定めた情報公開条例にのっとって、事故報告書を含めた、学校や教育委員会が作成した資料一式を請求した。事故報告書は個人情報やプライバシー保護の理由で、個人名を含む箇所はまるごと墨塗りしてあったが、教育委員会が作成した記録など相当な分量の資料が出てきたのだった。

資料の中にはいわゆる「トランプ体罰事件」について書かれたものもあり、そのときの体罰と正座以外については「教育の指導」としていると書いてあった。また、文科省の指針に明記された「全教員の聞き取り」をしなかったのは、文科省の「通知」の一部に「必要に応じ後日の実施とすることも検討することが重要」という一文があることを根拠としていたことも公開された資料からわかった（傍点筆者）。

また、「なぜ、（I監督の）すべての体罰を処分しないのか」という遺族からの質問があった場合の「想定回答」まで出てきた。たとえばその質問に対しては、「一般的に、指導する側、される側のとらえ方は個人によって異なる。そのときの状況や双方の受け止め方等を勘案し、非違行為となるか学校長が判断する」と書かれていた。非違行為とは、公務員の懲戒処分の対象となる行為のことである。

実は制度上、この回答は間違っていない。校長が体罰と判断しなければ、教育委員会に報告書が上げられることはない。校長が体罰ではなく指導だと判断すれば、そのままなかったことにされてしまうということである。「指導する側、される側のとらえ方は個人によって異なる」という建前は、実は校長のさじ加減のことを指している。

## 親が子どもについて情報開示請求できない？

自己情報開示の制度を利用して、事故報告書を含めて学校が教育委員会に遺族とのやりとりを逐一報告した文書類が出てきたのは翌年の一月になってからのことである。恭平君の自殺から半年近くも間があいたのは理由がある。

自殺からしばらくのちに教育委員会のスタッフに来てもらい、「事故報告書を見せてもらうことはできないんですか？」と優美子さんが聞くと、「行政文書なので見せられません」と言われてしまう。優美子さんが、「では、やったこともないんだけど、開示請求という手続きをしないといけないんですか？」とさらに聞くと、教育委員会のスタッフは、「いや山田さん、親というだけでは法定代理人にはなりえないので、恭平君の自己開示請求はできません」と答えた。これを信じ込んでしまった優美子さんは、「親ってそんなに無力なんだ。行政文書に書かれた自分の子どものことについても見られないんだ」とひどくショックを受けた。

それから一カ月以上経ってから優美子さんは、直接、愛知県の自治センターに出向く。「亡くなった子どもの開示請求というのをしたいんですけど、どうやったらできるんですか。親じゃできないと言われたんですけど」とあらためて質問すると、「いや、親御さんならできますよ」とあっさり認められたのだ。「戸籍謄本《とうほん》で親子という関係がちゃんとわかれば、亡くなったお子さんのをもらうことはできます」。こういうことすら先の教育委員会スタッフは知らなかった。あるいは隠した。親の「知る権利」というものについていかに関心がなかったかの証左である。

教頭が言った「行政文書なので見せることができない」という理屈や、教育委員会の言った「親というだけでは法定代理人にはなりえないので、自己開示請求はできない」といった理屈が明記された文書も、開示資料のなかに含まれていた。

「公文書開示情報請求された場合は存否応答拒否。自己情報開示請求された場合は、遺族といえども法定代理人となり得ないことを根拠に拒否する。但し、請求されるご遺族が当該生徒と密接な関係にあることは社会通念上明らかであるため、特別に情報提供という形で部分的に提示することは検討する（さらなる要求があれば、その段階で再検討する）」という文言で、先の教育委員会スタッフの説明はこれに基づいてなされたと考えられる。

この「論理」は個人情報保護法を杓子《しゃくし》定規に解釈したもので、自治体の情報公開条例の運用上でも、判例上でも、間違った解釈である。法定上の親であれば、自分の子どもについての情報開示を請求する権利は認められており、多くの遺族が同様の手続きで情報を開示させてきている。自治体によっては条例による開示請求がなくとも事故報告書を遺族に提供するところもある。自治体の情報開示度には温度差があるのが実態ではあるが、請求権があることすら否定した「後進的」な教育委員会関係者は全国的に見てごく一部だと思いたい。

## 設置された調査委員会は「匿名」

学校に対して不信感を募らせた遺族は、調査委員会の設置を要請するに至る。それが県内初の設置となったため、先述のとおり地元紙で取り上げられたのである。遺族が調査委員会をつくることを要請したのも、文部科学省の先の通知に明記されていることを受けてのことだ。

通知には、「詳しい調査を行うに当たり、調査の実施主体は、遺族に対して、調査の目的・目標、調査委員会設置の場合はその構成等、調査の概ねの期間や方法、入手した資料の取り扱い、遺族に対する情報提供の在り方や調査結果の公表に関する方針など、調査の計画について説明し、できる限り、遺族と合意しておくことが重要」とある。

つまり、プロセスを透明にして公開・説明しながら、信頼関係を構築しながら進めていくことが決められている。「できる限り、遺族と合意」（傍点筆者）が官僚用語に読めなくもないが、遺族との関係を重視するべきと解釈することに異論はないだろう。子どもの自死というデリケートな問題を扱う以上、遺族の心情を思えば、誰が悪いとか、どこに責任があるのかということを性急に結論づけるのではなく、当事者の納得を得て事実を明らかにしながら手続きを踏む。これは前提条件というより、社会の常識だろう。

しかし、驚くべきことに県初の調査委員会は委員が匿名だった。つまりどこの誰かわからない人々から遺族は事情を根掘り葉掘り聞かれるということになる。恭平君の遺族は当然のことながら「匿名委員会」は不服として交渉を続けたが埒《らち》が明かず、最終的に調査委員会への協力を拒否するに至る。

県内初の調査委員会設置のニュースに続いて、この「協力拒否」もすでに多く報道されているが、事情はもう少し入り組んでいる。

遺族には懸念があった。協力を拒否してしまうと教育委員会の一方的な「調査」だけで進められてしまうのではないか。実際、遺族が「(協力を) 拒否します」と答えると、教育委員会は案の定、「わかりました。山田さんの協力は得られないということで、わかる範囲で報告書を出します。それでもいいですね」と言ってのけたのである。

桜宮高の外部監察チームは五人の弁護士で構成され実名で報告書を作成したし、大津いじめ自殺事件の第三者委員会ももちろん実名も肩書きも出して取り組んだ。これに対し、愛知県教育委員会のそれは匿名に加え、遺族に対する通知も突然で、「調査委員会の開催日が決まりました」と電話してくるなど、すり合わせも何もない。遺族優先ではなく、行政優先なのである。

文科省の通知には「調査委員会を立ち上げるときには、あらかじめ遺族に説明をして、合意を得てから進めること」と書いてあると遺族が教育委員会に対して抗議をすると、「(文科省の通知には)強制力がない」という返答だった。

## 学校・教育委員会を守るためだけの調査委員会

遺族の憤慨に対して、調査委員会メンバーの職業だけは教えてもいいということになり、弁護士と精神科医と児童心理専門の大学の先生で構成すると教育委員会は伝えてきた。さらに、調査委員会は二〇一一年の一一月の段階で設置されていて、二年間の任期で教育委員長から指名されていたことがわかった。だから、その二年の間にほかの事案が出てきても同じメンバーが対応する。つまりは山田恭平君の自殺事件の専任ではなかったのだ。教育委員会は、「山田さんのためだけにつくっているわけじゃないので、山田さんのために名前を教えるわけにはいかない」と口頭で伝えてきたそうだ。

匿名調査委員会が立ち上がるという報を受け、二〇一二年の二月一四日に、遺族は一応、調査委員会の場に立ち会っている。匿名委員会であることに遺族として不信感を持っていることだけでも直に顔を見て伝えたいと思ったからだ。

しかし、そこでは子どもたちからは事情を聞かないという方針が明らかになり、ますます遺族は不信感を強めていく。面と向かっても、調査委員の三人は名乗らない。遺族は「私たちはあなたたちの名前も知らない。あなたたち三人が調査委員ということしかわからない。誰かわからない人に家のことを根掘り葉掘り聞かれたりしても答えられない。それでは信頼関係が築けないじゃないですか。ちゃんとあなたたちがどんな人なのか、私たちは知りたいです」とあらためて思いを伝えた。

調査委員らは相談して「やっぱり私たちはそれはできません」と答え、職業だけは自ら言うことになった。「私は弁護士です」「私は精神科医です」「私は臨床心理士です」。ちなみに調査委員会の弁護士がどこの誰かであるかは遺族の弁護団がつきとめた。臨床心理士が誰かもわかり、私はその著作も読んだ。

さらに調査委員会は教育委員会の命の下に動く性格で、教育委員会から独立した中立の組織ではないことも明らかになった。そもそもはじめからフェアな機関を設ける気がないのである。教育委員会の頭にあるのは自分たちの権益だけで、不利になると考えられるようなことはしない。公に仕える身が、公を守る力学にのっとって動く。それも体罰がなくならない大きな理由の一つである。

遺族に対応してきたのは愛知県教育委員会の健康学習課だ。教育委員会には子どもの自殺について専門的知識を持ったスタッフが対応する窓口はなく、都道府県によってばらばらの窓口が対応しているのが現状だ。なぜ「健康学習課」なのか。こういったデリケートな問題にきちんと取り組む姿勢が一貫してあるというのなら、専任の名称を冠し専門家を配置した部署をつくっておくべきだった。ちなみに窓口となってきた同課の主査は出向している教員だ。教育委員会における窓口不在問題についてはのちにふれたい。

優美子さんは、中立的な調査委員会とならば信頼関係をつくることができるかもしれないとすがる思いで期待していた。そして詳細な事実を調査委員会で積み重ね、検証してほしかった。子どもはいろいろな理由で追い詰められて自殺してしまうことがあるから、それを探ってほしかった。その中の一つに体罰があったという状況があれば、そのことに真摯に向き合い、体罰をなくしていってほしいという思いなのだ。それなのに委員会のメンバーは匿名、日程も進行も教育委員会の恣《し》意で進められるのであれば、信頼関係をつくる第一歩からつまずいてしまう。

恭平君の遺族が恐れているのは、調査を拒否したことで勝手に報告書が出て、遺族はこれで納得したと行政や社会から言われてしまうことだ。もしこうした事案の遺族が、いつかまた同じ立場に立ったらどうなるのか。自分たちの「協力拒否」という行為が悪しき前例になってしまわないだろうか、と。

桜宮高事件の調査委員会は数カ月で聞き取り調査をして報告を出した。当事者の記憶が新しいうちに調べるのが大前提であるのは過去の同様の事件からの教訓である。たしかに子どもたちの中には時間が経ってからやっと語ることができるケースもあるけれど、事件から間を置かずに聞き取っていかなければ記憶は加工されたり、変形したり、消えていったりしてしまう。

## 被害者には間違った情報を訂正する手段もない

恭平君の遺族が協力拒否を明確に表明する前に、とりあえずは調査委員と言葉をかわしてみようとおもむいた調査委員会の場でのある出来事を記しておきたい。

「恭平君の兄は本当は刈谷工に行きたかったけど入れなかった。弟である恭平君は兄が入りたがっていた刈谷工に親の期待を背負って入り、兄が高校でやめてしまった野球を両親の期待を背負って頑張っていたがうまくいかずに悩んでいた」ということが書かれた資料が開示請求で開示された文書の中にあった。

実はそういった類のことは優美子さんは誰からも聞かれていない。そもそも恭平君の兄は工業高校には興味がなかった。最初から普通科を希望し、吹奏楽部に入っている。開示された文書には、「兄は高校で野球部もやめて高校も中退した」と書いてあるものもある。恭平君の兄は高校を三年時に中退はしたが高校卒業認定試験を受けている。恭平君は兄の分まで両親の期待を背負って悩んでいたなど、勝手な想像と言うしかない。この文書の間違いを指摘するために、両親は恭平君の兄を調査委員会に同席させた。そして恭平君の兄は自らの口で「自分は工業高校を希望したことはない」と言明したのだった。

調査委員会で取り上げられたこの文書を書いたのは教頭だった。どこから入った情報をもとに文書をつくったのか。これは「噂」の類にすぎず、死者と遺族の名誉を傷つけることであり、二次被害を与えたということになりはしないか。恭平君の兄の気持ちを考えてみてほしい。自分のせいで弟が死んだかのように書かれている兄の気持ちを。

「公文書」として扱われる文書については、書かれていることの間違いを訴えることがきわめて難しい。先ほどの恭平君の兄についての記述が「事実」として残ると、山田家は家庭にいろいろ問題があったと処理されてしまう。

誰が悪い、誰に責任があるという議論の前に、遺族が情報を知るためにはいくつもの障壁があること、そしてその内容（事実）の正確性を担保するものが何もないことに、私たちは刮目《かつもく》しなければならない。間違いが間違いのまま公文書として保存されてしまうのだ。そのことも体罰がなくならない遠因になっていると私は思う。

一つの前例を出そう。一九八六年に千葉県習志野市の市立第七中学校で起きた体罰事件の顚《てん》末《まつ》だ。中二の男子が給食の時間に数分遅れたことを理由に、担任の男性教師（当時三四歳）が、正座をさせたうえ足で顔を蹴った。生徒は、前歯の神経一本が麻痺、あごの骨がずれるなどで、全治五カ月の重傷を負った。千葉地検は男性教員を傷害罪で略式起訴し、七万円の罰金刑となった。一方、行政処分は口頭訓告のみだった。

被害者側は市教育委員会に学校の「体罰報告書」の開示を要求したが拒否される。当時は情報公開制度を使って公文書の閲覧ができるように法整備されておらず、「事故報告書」を取り寄せることができたのは一九八九年になってからだ。すると自分が受けた体罰とズレがあることがわかった。男子生徒と母親は連名で、千葉県教育委員会あてに、体罰報告書の内容の訂正を求める「申立書」を提出したが、自己情報訂正の規定がないために訂正は受け入れられなかった。被害者はのちに「誤った報告書で行政処分を決めたなら、その処分も誤りではないか」と主張して損害賠償請求訴訟を起こした。

その結果、略式起訴された教員の起訴証言（刑事裁判記録）が証拠採用され、教員と生徒の供述調書と、事故報告書との食い違いが明らかにされた。たとえば事故報告書には〈右足で顔面を一発蹴った〉とだけしか書いていないが、略式起訴記録にある教員の証言は〈右足を振り上げて蹴った。口のあたりに当たったたと思う。続いて左足を半回転させ靴底の先で顔をこするように蹴った〉とあり、生徒の証言記録には〈二発蹴った〉となっていた。

さらにけがの程度については「事故報告書」には〈前歯が少しずれた程度で口唇は変色もは

れもない〕としか表記がないのに、教員の略式起訴記録には〔口のあたりから、うっすらと血が出ていたのを見た〕とあり、生徒の略式起訴証言には〔前歯が二本奥へ引っ込んだ。当日、はれがひどく、柔らかいものを食べても血が出る状態だった〕とある。

この報告書を作成したのは校長だが、教育委員会はそれをもとに行政処分をした。体罰を受けた側は裁判まで起こしてそうした事故報告書の杜撰《ずさん》なつくられ方を世に問うたわけだが、今に至っても、その作成のされ方は変わっていない。書かれた事実の正確さを担保するシステムも何も整備されていない。今のところ、書かれた側（子ども当人や保護者）が内容を開示請求なりで知り、訂正をしたい場合は、情報開示条例の規則にのっとって訂正請求の申し立てをするか、情報公開審査会に不服を申し立てるほかはなく、煩雑で時間のかかるプロセスを経ねばならなくなる。

公文書に、十分に調査しないで誤った情報を記載したこと、勝手に捏造《ねつぞう》した情報を記載したこと、そして内海平君事件のケースのように、間違った情報を放置したことについても、ペナルティを与える制度をつくるべきだと私は思う。しかし、誤りが罰せられるどころか、その訂正をするだけでも高いハードルが待ち受けているありさまなのである。

体罰を「見せしめ」に用いる生徒管理手法

話を一九八五年に起きた中津商陸上部のキャプテンA子さんが陸上部顧問の体罰を苦にして自殺した事件に戻そう。もう一度、A子さんの遺書をここにあげる。

「お父さん、お母さん、私は疲れました。もうこれ以上、逃げ道はありません。なんでほかの子は楽しいクラブなのに、私はこんなに苦しまなければいけないのか。たたかれるのも　もうイヤ、泣くのも　もうイヤ、私はどうしたらいいのかナ。だから　もうこの世にいたくないのゴメンネ　お父さん　お母さん　私……本トにつかれたの　もう……ダメなの　もう　イヤなの　私そんなに強くないの　ゴメンネ」

自分に体罰をふるっていた陸上部の顧問については、「私は先生が好きだったけれど、何も恩返しできなかった」と書いていた。A子さんに体罰をふるっていた陸上部顧問は、教師歴二四年のベテラン教師で、中津商には一九年も在籍していた。体育科教師グループのボス的存在で、先頭に立って校門検査を行い、校則チェックに目を光らせるため、陸上部ではない生徒たちからも非常に恐れられていた。A子さんはそんな教員に目をかけられていたのだ。

顧問はA子さんを自分の手で国体選手に育て上げることを生きがいとし、A子さんを厳しくしごくのは、教員としての自分に課せられた使命と信じて疑わなかったという。そこまで目をかけ、手をかける生徒に対して最も厳しく接し、体罰をふるい、暴言を浴びせるという行為を見せつけることによって、陸上部全体の空気を引き締める。それがセオリーだった。

これはスケープゴート、つまり「見せしめ」であり「いけにえ」だ。リーダーが必死に耐える姿をほかの生徒に見せて、「あれだけキャプテンが頑張っているんだから、自分たちも頑張らなければならない」と思わせる。部員の誰か一人でもサボっていると、リーダーが犠牲になる。「それは申し訳ないから、自分も頑張ろう」と思わせる。このような心理的な支配、いわば恐怖政治は、集団を掌握して発奮させる方法として、意識的か無意識的かは別にして体罰を肯定する教員たちにとっては常道とされていた。一九七〇年代後半から八〇年代前半にかけての「荒れた学校」を掌握するために生徒指導の教員たちがとった手法でもあり、部活一般や集団で行う競技の運動部を統率するための手法としても使われてきた。

この方法の最大の「効果」は、理不尽だと思いつつも、それに耐えることができない生徒が自分を責めていくところにある。A子さんにしても、暴力や暴言が辛《つら》くても、自分が選んだ道だし、何より「先生の言うことを聞いて自分も強くなりたい」という強い思いもあったに違いない。だから暴力も甘んじて受けていたのだろう。

私たち大人は、A子さんはどうして陸上部をやめなかったのか、どうして逃げなかったのかと思いがちだが、逃げることとやめることという選択肢はA子さんにはなかったのだと思う。暴力に耐えられなければ、先生にもう認めてもらえなくなる。一度期待され、注目された者にとってそれは自尊心を否定することになる。そんな弱い自分を自分で認めるわけにはいかないのだ。負けたくないという、率直な子どもたちの言い方は、頑張って練習に打ち込めない自分に負けたくないという面だけではなく、理不尽な指導者に耐えられない自分に負けたくないという意味であることを、私たちは知らねばならない。スケープゴート的体罰を用いた手法は、たしかに部活を有数の強豪校にするという結果をもたらしたのかもしれない。が、そこには生徒から生きる力を奪うリスクがともなうことを、体罰をふるう側はわかっていない。というより、わかろうとしない。

## 部活は授業ではないから体罰が認められる

中津商での自殺事件でもう一つ大事な点にふれておきたい。

当時、岐阜県教育委員会はこの事件を受けて「顧問教師の行為は非常に軽いものだ」との見解を示し、「部活は社会教育であって、技術の向上を目指すためにも選手への有形力の行使を許容している」ともコメントした。つまり部活では有形力の行使、つまり体罰も許しているということだ。

教員による体罰は学校教育法で禁止されているけれど、部活は授業ではないから学校教育ではない。学校教育でないのであれば体罰は禁止されるものではないという、ねじれた理屈は、その後息長く教育の現場で生き続けることになる。

県教委は生徒に厳しくあたることについて、「素質のある選手をより強い選手に鍛え上げようとする教員の愛情に基づき、親が子を教育するために叩くのと同じ行為であるから、非難されるべきではない」とまで言い切っている。

このとき県教委は、A子さんが練習日誌を書かなかったことで受けた体罰については、「日誌をつけさせるのは指導者が多数の部員と心の交流をするために必要な、指導のための重要な手段であって、その日誌を提出しないというのは生徒の怠慢である」と、教員をかばい、逆にA子さんの非を指摘している。

さらに、「教員とこの亡くなった女子高生はコーチと一流の選手という関係であって、学校教育の一環とは言えない」とも言った。だから体罰は禁止されないという論法だ。「ブス」とA子さんに言ったのも選手への愛情の表現であると言っている。

選手とコーチとはそうした暴力関係、教育サディズムとも言えるような関係にあってもいいのだという理屈は、女子柔道ナショナルチームの一件でも明らかになったように、学校の運動部だけでなくスポーツ界全体にはびこってきたことがわかる。しかしコーチとは、言葉による指導で選手のモチベーションを上げる立場であって、それ以上でも以下でもない。もちろん、厳しい叱責をしなければならないときもあるが、暴力やハラスメントが許される関係でないし、あっていいはずがない。

A子さんの自殺事件について、岐阜地裁は体罰の違法性は認めたものの、自殺との因果関係については〔一つの原因ではあるけれど直接の因果関係とは言えない〕と判断し、顧問への賠償請求は認めなかった。今では考えられないような甘い判決がまかり通っていたのである。先にもふれた桜宮高事件の展開に倣《なら》えば、懲戒免職である。

判決理由には、〔顧問教諭の侮辱的発言は身体に対する侵害と併せて一連の連続した行為として評価するのが相当であり、生徒の名誉感情ないし自尊心を著しく害するものであって違法行為に該当する〕とあり、日常的な体罰が自殺の引き金になっていると読めるのだが、結論はそうではない。

〔自殺という行為は最終的にはその人の意思決定によるものであるから、人がどのような事態を直接的な契機として自殺を決行するに至るかを第三者が認識することは極めて困難であるばかりか、自殺の前日に教員が説教をした行為が、生徒の心理に決定的な影響を与え、自殺を決意する可能性があると予見することはおよそ不可能であったというべきである〕と、A子さんの自殺の原因に関わるのは前日の「説教」だと話がすりかわった。長い期間にわたって受け続けてきた体罰やハラスメントと自殺については一切、因果関係がないことになっている。

そんなはずがないではないか。一般論としては自殺の真の原因はわからないのかもしれないが、A子さんが体罰や侮辱を受け続けてきた事実、そして遺書に遺された悲鳴は何を物語るのか。ここに使われている「予見可能性」という考えが、体罰教員や、いじめ自殺を防げなかった教員らに逃げ道を与えてしまった。

# 第三章
# 体罰は世論に支えられている

## 桜宮高事件直後でも半数近くが体罰支持

毎日新聞の世論調査の結果を報じた記事（二〇一三年二月四日付）によると、大阪・桜宮高事件を踏まえ、体罰について聞いたところ、「一切認めるべきでない」との回答が五三％と半数を超えた。

一方、「一定の範囲で認めてもよい」との一部容認派も四二％を占めた。男女別に見ると、男性の「認めてもよい」は五四％で、「認めるべきでない」（四三％）を上回った。女性の「認めるべきでない」は六二％。「認めてもよい」（三二％）を大きく上回り、男女で顕著な差が出た。

年代別では二〇代と三〇代で「認めてもよい」が、「認めるべきでない」より多かった。同記事によると、大阪市の橋下徹市長が同校の来年度の入学試験（体育系二科）を中止するよう求めたことに対しては、「支持しない」（五三％）が、「支持する」（四〇％）を上回ったそうである。

この数字をどう見るか。桜宮高校事件の直後という「非常時」なのに、半分近くが支持派ということは、「平時」であればその比率はもっと上がるだろう。男性は現時点でも半数以上が容認である。

法律で厳しく禁じられているのに学校での体罰がなくならないのは、こうした「世論」が背景にあるからだ。これまで紹介してきたような嘆願署名運動はそうした「世論」の一つの発露である。当然保護者にも賛成派が多いのだから、学校で体罰事件が起きても、無視したり、丸め込んだり、当事者同士で話し合いをさせ「示談」にさせるなど、問題を公にせず内々で「処理」しやすい。学校側はそうたかを括っているふしもある。

保護者から支持されていれば、法律違反のことが行われていても名目が立つ。保護者も望んでいたという「共犯関係」があれば、それが表に出て問題化される心配がない。そして、親から信頼され、親の願いを託されているという自負心は、体罰教員に自分の「教育方針」は間違っていないという自信を与えてしまうことにもなる。

## 体罰教員は保護者や生徒から「人気」がある

「たしかに生徒を殴る、ちょっと怖い先生だけど、いい先生なんです」――体罰が起きた現場を取材していると、必ず聞く言葉だ。体罰事件を起こした教員のほとんどは、あくまで表向きは生徒の間でも人気があり、保護者の間でも信頼が厚かった。

多くの保護者は、自分の子どもや子どもが所属する運動部が大会などで優勝し、わが子の進路が有利になることを望んでいる。いい成績を残して、スポーツ推薦で進学すること、あるいは内申書がよくなることを保護者は願っている。もちろん本人もそう希望している。だから体罰を用いてでも子どもを強くしてくれた、勝たせてくれた、子どもに有利な結果を出してくれた教員は「いい先生」になるのだ。体罰や暴言に少々不満があったとしても、我慢して従っていれば進学に有利に働くという「耐える動機」は実に大きいものがある。

体罰教員には感情がすぐに高ぶるタイプが多いため、「殴る俺の手も痛いんだ」と涙を流しながら体罰をふるう者もざらにいる。おまえのことを考えているからこそ殴っているという言い分が教員の激情と合わさると、殴られる側もそれを受け入れてしまいやすい。

スポーツとは関係ないところでも、子どもを一生懸命指導してくれる先生は「いい先生」だ。というのも、体育科の教員は生活指導を担当し、進路指導を兼ねていることが多い。そういう教員は就職先を見つけてきてくれたり、進学先を探してきてくれたり、子どものためによく動いてくれるので、保護者も本人も感謝することになる。頭が上がらない存在になるのだ。

近大附属女子高事件の加害者となった教員はその典型で、キレやすくすぐに手を上げる体罰教員として嫌っている生徒も少なくなかった一方で、就職活動でこまめに面倒を見てくれる情の厚い先生という評判だった。生徒に暴力をふるったり、乱暴で粗雑な言葉づかいをするところはあったとしても、それを相殺する「実績」を生徒や保護者に提供すれば免罪される。そういった教員は保護者にとってだけでなく、学校にとっても評判を上げ、生徒を集めるためにも不可欠な「いい先生」だ。こうして体罰をふるう教員は実績や評判をバックに、校内では相当な力を持つ存在になりやすい。

## 地域共同体の「思い出」の核としての学校

近畿大学附属女子高校体罰死事件が起きた福岡県飯塚市は、麻生太郎元首相の出身地として知られる。高台にある巨大な麻生家の邸宅の周囲を、私はクルマで走ったことがある。周囲はいったい何キロあるのか、長壁がえんえんと続く。病院やスーパーマーケットなど生活インフラ関係も当然麻生グループが多い。生涯を通じて直接・間接的に麻生家にお世話になっているという、非常に狭い地域社会が形成されていることが感じられた。その中で、学校は地域に人材を供給する機関であり、地域の人々の「思い出」の核になっている。

学校には、怖いけれど指導力のある「いい先生」がいて、街の人々はみな、自分自身、あるいは子ども、あるいは親戚の誰かがお世話になっている。それらの「思い出」が世代をまたいで共有されていた。

女子高校生を殴り、死に至らしめた教員の減刑を嘆願する署名が七万人分も集まったのは、教員の名誉や学校の名誉、そして小さな地域社会の名誉を守りたかったからではないかと私は思った。

先にもふれたが、大阪・桜宮高では、現役の生徒たちが記者会見で橋下市長の打ち出した荒療治的な人事の刷新に反対した。生徒たちは先生がいなくなってしまう、後輩がいなくなってしまう、思い出がなくなってしまうと訴えた。「いい先生」との思い出は自分の人生にとってかけがえのないものであり、自分にとっての学校のよき記憶を大切にしていきたいと思うのは当然であり、ほかからとやかく言われることではないのだろう。

学校で生徒の「死」が引き起こされても、学校や「いい先生」が否定されることは、それと「絆」をつくってきた自分たちが否定されることであり、ひいては自分たちの尊厳までもが侵されるという気持ちになってしまう。そう考えるのは私だけだろうか。

## 体罰が子どもに及ぼす影響は大人の想像以上に大きい

体罰に関連して命を落とした子どもの親や保護者は、後悔の念から、自分の心をざくざくと切り刻むように責め続けている。

どうしてせめて一言でも相談をしてくれなかったのか、どうして弱音を吐いてくれなかったのか、どうして親である自分たちは子どもの変調を察知できなかったのか、自分を責める言葉は無数にある。だからこそ、死の周辺で何があったのか、何が引き金になったのかということを、どんな断片でもいいから知りたいのである。

多感な子ども期の自殺の原因の「真相」は、わからないことのほうが多いと私は思う。複合的な要因や因子が絡み合い、何かが引き金になり実行に移してしまう。私がこれまで取材してきた学校に関わる子どもの自殺事件は、周囲の大人たちにとってはあまりに突然の出来事だ。体罰をそもそも容認していた保護者であれ、反対派であれ、無関心だった保護者であれ、予測できない、悲惨な悪夢のような出来事であることには変わりがない。

それでも、体罰と自殺の因果関係が疑われるケースを数多く取材してきた私の経験からすれば、体罰が大きな引き金の一つになってしまっていることは間違いないと思う。体罰に限らず、理不尽な「暴力」を受け続ける状況が一定期間継続した場合、それが子どもの心身に及ぼす影響は多大で、生きる力を削ぐ方向に働くことが多い。抵抗できずにいるうちに、心理学で言うところの学習性絶望感に近い精神状態にとらわれ、逃げることができなくなってしまう。あるいは暴力を受けたショックで自己を全否定し、発作的な行動に出てしまう。体罰は、そうしたことを子どもに引き起こす可能性を持っていることを、私たちはもっと学んだほうがいい。

とりわけ体罰を容認していた保護者は、体罰が引き金になってわが子が自殺してしまうことなど、微塵も考えていなかったはずだ。しかし、子どもが体罰に対してどれほどの「耐性」を持っているかは、親や保護者であってもはかることができない。

日ごろから親が体罰教員の「方針」を積極的に支持していたり、目の前でわが子が殴られるのを見たりしていて、殴る教員に感謝すらする親たち。そんな親の子どもが大けがをしたり、自ら命を絶つという例も、私は見聞きしてきた。体罰が嫌でたまらなかった子どもも、父親や母親が見ている前ではおそらくふだんよりも我慢をしただろうと私は思う。弱いと思われるのが嫌だからだ。体罰やハラスメントに屈する自分を見せたくないからだ。

保護者にしてみれば、自分が体罰や体罰教員を積極的に支え、応援し、子どもを託していたわけだから、そのパニック状態たるや、すさまじいものがあるだろう。自分を許すことができない気持ちで押しつぶされそうになるのではないか。

## 体罰防止マニュアルからはかけ離れた実態

学校教育法第一一条には「校長及び教員は、教育上必要があると認めるときは、文部科学大臣の定めるところにより、児童、生徒及び学生に懲戒を加えることができる。ただし、体罰を加えることはできない」とある。

第二章でもふれたが、〝懲戒〟と〝体罰〟の線引きが不明瞭だということが、日本では指摘され続けてきた。国が長年にわたって体罰の定義として使ってきたのは、一九四八年の旧法務庁法務調査意見長官の回答「児童懲戒権の限界について」であり、殴る、蹴るに加え、長時間正座させたり、直立させたりすることも体罰に該当するとしていると規定してきた。

次に体罰の定義が示されたのは、二〇〇七年である。なんと六〇年もの間、国が体罰の定義について指針を出すことはなかった。このときの指針は、文部科学省による「問題行動を起こす児童生徒に対する指導について（通知）――学校教育法第一一条に規定する児童生徒の懲戒・体罰に関する考え方――」である。これは二〇〇六年に第一次安倍晋三内閣の下で発足した教育再生会議が、体罰と懲戒の区別をより明確にすべきと答申したのを受けて、文部科学省によって取りまとめられた。

ここでは体罰に当たらない具体例として、放課後教室に残す、授業中教室で起立をさせる、学習課題や清掃活動を課す、学校当番を多く割り当てる、立ち歩きの多い児童生徒を叱って席に着かせるという行為があげられている。

そして、このたびの桜宮高事件を受けて、新たな体罰の定義が出された。これも六〇年前の定義と比べて、その間に出された刑事や民事裁判の体罰（判決）判例を意識しながら、二〇〇七年の定義に上書きをしているが、大きなところは変わっていない。

雑駁《ざっぱく》に言えば、危機介入以外の叩く、蹴る、押すなどの「有形力の行使」は体罰に当たると考えてよく、桜宮高事件で問題になった部活での体罰も、このような定義を持ち出すまでもなく体罰に当たる。

また、体罰に当たらないものとしては、「教員が攻撃された場合や、生徒が生徒に危害を加えようとしているとき等」「児童が教員の指導に反抗して教員の足を蹴ったため、児童の背後に回り、体をきつく押さえる」「休み時間に廊下で、他の児童を押さえつけて殴るという行為に及んだ児童がいたため、この児童の両肩をつかんで引き離す」「全校集会中に、大声を出して集会を妨げる行為があった生徒を冷静にさせ、別の場所で指導するため、別の場所に移るよう指導したが、なおも大声を出し続けて抵抗したため、生徒の腕を手で引っ張って移動させる」「他の生徒をからかっていた生徒を指導しようとしたところ、当該生徒が教員に暴言を吐きつばを吐いて逃げ出そうとしたため、生徒が落ち着くまでの数分間、肩を両手でつかんで壁へ押しつけ、制止させる」「試合中に相手チームの選手とトラブルになり、殴りかかろうとする生徒を、押さえつけて制止させる」などの具体例があげられている。

各自治体の教育委員会では、こういった国の指針をもとに、教員に向けた体罰防止マニュアルを作成している。

それぞれの教育委員会が独自に作成しているもので、おおむね似通っているが、たとえば体罰が発生した場合、教育委員会が学校に求める対応が微妙に異なっていたり、体罰をふるった教員の処分についても温度差がある。体罰が原因で子どもが死亡したり、重大な後遺症が残ったりした場合、常習的に暴力を加えた場合は免職処分、あるいは停職処分などと明記しているものもあれば、記載のないものもある。

私は数十の体罰防止マニュアルを読んできた。たとえば大阪府教育委員会（二〇〇七年）の『この痛み一生忘れない』と題したそれは分厚く、私が本書で紹介した事件についての判例等もあげられ、体罰を起こさないための心がけがこれでもかというほどに繰り返し書かれている。体罰をふるった場合に問われる刑事責任等も具体的に盛り込まれている。体罰に走らないための教師のメンタルコントロールについても詳細な記述がある。

マニュアルの巻頭には、「私たちは、考えなければならない。教師として、まず、何を持たなければならないか。それは人を愛する心ではなかったか。人を尊ぶ心ではなかったか。生徒の言葉にかっとなったり、腹を立てたりしていないか。行いには心が表れ、心は行いによってつくられる。私たち教師の誇りは、人の生きる営みに関わることができることではなかったか。他人の痛み、悲しみをともに感じ、心にふれることではなかったか。（後略）」といった体罰を諫《いさ》める宣言がある。

このマニュアルは現場にはどれだけ周知されていたのか。大阪府では二〇一三年、体罰の実態を把握するために、府立の高等学校全一八五校で教職員の聞き取り調査を実施したが、体罰の件数は一一五件に上った。内訳は授業中が四〇件、運動部の活動中が三五件、生徒指導中が一四件などとなっている。大阪府内の私立の小・中・高校一八四校でも調査が行われ、小学校二校、中学校一九校、高校二八校、合計四九校において体罰があったことが判明しているが、表面化したのはごく一部だろう。マニュアルとはほど遠い実態があったことがうかがえる。

## さらに表沙汰になりにくい障がいのある子への体罰

大阪府のマニュアルには、ほかの自治体のそれではほとんどページをさいていない内容がある。心身に障がいのある子どもへの体罰防止についての項目だ。

「体罰をおこさせない校内体制の工夫やシステムづくり」として、「互いの信頼感に基づいた教職員の関係づくりをすすめる」「教職員間に日常的に情報交換しやすい雰囲気を醸成する」「それぞれの子どもの指導や指示が、教職員の連携によらないで、個々の教員まかせになっていないか。さらにその結果、力で子どもを制圧する指導を許していないか点検し、協力して指導に当たる雰囲気づくりをすすめる」「行き過ぎた指導になっていないか、お互いが切磋琢磨《せっさたくま》し合えるような関係づくりが必要である」などと明記されている。

そして、「いざというときの協力体制を整える」として、「子どもが自傷行為、他傷行為等の危険な行為を起こした場合、複数の教職員で対応ができるような協力体制を日頃から準備しておく」「情報の収集と共有化を図る」「教職員が子どもの情報を共有・交換できる場や機会を計画的に設定する」「管理職への速やかな報告・連絡・相談のシステムを構築する」「万が一トラブルが起こったときは、すぐに管理職に報告・連絡・相談をすることで、学校内の情報の共通理解ができ、保護者の信頼も得られ、速やかな問題解決につながる」と書かれている。

私はかつていくつもの養護学校や支援学級で起きた、教員による生徒に対する体罰や虐待事件を取材してきた。

一九九八年、愛知県名古屋市立南養護学校で、知的障がいのある一七歳の生徒が授業中落ち着きがないなどの理由で、男性教員（当時三四歳）に個別指導と称して更衣室に連れていかれて、指で右眼を強く押さえられ、結膜下出血を起こし全治約三週間のけがをした事件があった。少年は、ズボンを下げられて、性器を強く握られたとも言った。

当初、学校側は、「友だちとプロレスごっこをしてけがをしたようだ」などと両親に説明していたが、生徒があとになって「先生がやった」と打ち明けて事件が発覚する。しかし教員は「昼休みに個別指導した際、眼の充血を発見した」「けがはプロレスごっこが原因」だとして、体罰を否定。学校側の言い分も「（教員に）何度も確かめたがやっていないというのでそれを信じる。目撃者もいないし、やったという証拠がない」というものだった。半年後、弁護士立ち会いの下、生徒が体罰の実態を話す機会を持ったが、学校側は「知的障がいの子が、半年前のことを覚えているはずがない。母親が教え込んで言っているだけ」と主張した。

その後、生徒と保護者を支える会が結成され、無作為に選んだ養護学校・特別支援学級の親たちにアンケートを実施したところ、回答者の三〇％強の親が、「体罰はある」と回答した。

「排泄《はいせつ》を失敗して、足蹴りされていた」「ウロウロするので、首を傘立てにロープで縛りつけられていた」「すぐつねる教師がいて、体に痕をたくさんつけて帰ってきた」「嫌いなおかずを吐いたら、往復ビンタされ、頬が真っ赤になっていた」「痛がるので病院に行ったら、肋骨が折れていた」という驚くべき内容のものすらあった。このアンケートの結果を持って、名古屋市や愛知県の教育委員会に交渉したが、「匿名で日時の特定もないので調査できず、わからない」等の理由でまともに取り合ってもらえなかった。

生徒の両親は市を相手に損害賠償請求訴訟を起こした。原告側は、「知的障がいの有無やその程度と証言の信憑《しんぴょう》性・記憶能力とは関係がない。本人は自分が体験したことを話す能力を持っており、その正確さはふだんの生活の中で確かめられている」と主治医やほかの専門家の意見とともに主張し、それが認められ、名古屋地裁は市に約三〇万円の支払い命令をした。しかし、二審では、証言が断片的で矛盾しているという理由で原告側が敗訴した。

自閉症の少女が東京都内にある未就学児の通園施設S学園で、担当の保母から日常的に暴力を受けていたという事件も長期にわたって取材した。最初に入っていた都立の施設が閉鎖になったため、S学園に移ったところ、パニックを起こしたり、少し叱っただけで防御姿勢をとったりするようになった。母親が疑問に思い調べてみたところ、保母から強制的に姿勢保持をさせられていたり、叩かれていたことが判明した。母親は往復ビンタをされたところも目撃している。母親は一度も娘に手を上げたことはない。訴訟を起こすと、すぐに保母を守る会が結成された。「行きすぎは多少あったかもしれないが、熱心ないい先生」という理屈だった。

大分県の盲学校で一九九一年に起きた事件も取材した。両先天性角膜混濁という障がいにより、三歳のころから身体障害者一級として障害者手帳の交付を受けていた少年だった。

朝、教師がその日の宿題をやってきたかどうかの点検を始めた。それまでに何度もやってくるように言っていた宿題をやっていないことがわかり「こんな問題もわからんのか」といきなり怒鳴りつけ、左眼付近を殴打した。

少年はその直後から左眼の痛みを訴え校医の診察を受けたが症状はよくならなかった。結局その数日後、少年は大学病院で眼球摘出手術を受けることになる。左眼穿孔《せんこう》性眼外傷・眼内出血で、主治医によると左眼球はぐちゃぐちゃになっている状態だった。

少年側は弁護士を立て当初は訴訟ではなく話し合いによる解決をはかっていたが、教育委員会は体罰ではなく過失であると主張したため訴訟に持ち込まれた。市は裁判でも体罰を認めない。さらに、「賠償額は眼球摘出の有無には関係しない。もともと障害者一級の障がい者であるから賠償額は慰謝料のみで、逸失利益は認められない」と主張する。簡単に言えばたまたま手が当たった（教員の主張は無意識に右手が動き、その指先が少年の左頬に軽く当たった）だけで、もともと視力がないのだから逸失利益はないという乱暴なものだ。結局裁判所が提示した和解に至り、体罰を認め、晴眼者に対する逸失利益論にのっとった逸失利益も認められた。

ほかにもいくつも障がい者に対する暴行事件や性暴力事件を取材してきたが、全体の中での氷山の一角でしかない。健常者のそれに比べて表に出ることはきわめて少ない。彼らが自分の被害を言葉にして誰かに伝えたりすることが難しいことが多いからだ。有名な韓国映画の『トガニ』は養護施設で起きていた実際の性的虐待事件をモデルにした衝撃作だが、日本でも現実に起きていることなのだ。

周囲の心ある大人が細心の注意を払わないと、心身に障がいやトラウマのある子どもたちの被害は表沙汰になることがない上、仮に保護者が告訴しても、障がいのある子どもたちが受けた体罰や虐待が事件化されることはとても少ない。

それは証言能力や伝達能力が問われて、普通学級での体罰事件に比べて因果関係を立証するのが困難なのが現実だからだ。また、体罰を受けて心身に悪影響が出たという主張をしても、体罰によるものではなく「障がい」のせいだという結論が導かれてしまうこともままある。暴れて自傷他害の行為を引き起こす可能性が高い子どもに対しては力で押さえ込む方法や、身体になんらかの強制的な力を加えることで覚えさせようとする手法がよくとられる。傍目《はため》からは体罰的に見えても、教員側にはまっとうな障がい児教育と認識されていることも多い。

発達障がいの子どもに対する体罰も同様である。体罰や「指導」が自殺の引き金になったと遺族が主張しても、体罰との因果関係が「一部」認められたものの、発達障がいのパニックのせいでもあるとして、賠償額が大幅に減らされてしまうケースもあった。しかし、これは間違った発想だと思う。私の取材経験では、発達障がいを持っている子どもたちはむしろ、暴力や暴言に対して過敏に反応してしまうことのほうが多い。だからこそ、体罰を用いた「指導」は絶対に避けなければならないと思うのだ。

## 「罰」ではない、単なるキレた結果の暴力

桜宮高は大阪市立の学校であり、管轄するのは大阪市である。その大阪市でも二〇〇七年、『体罰防止に向けて』という教職員向けの指導資料を出していた。

体罰を起こしたときの対応は、「万一、体罰を起こした場合は、被害を受けた子どもの救済（ケガの治療、心のケア）を第一義に考える」「事実関係を正確に把握するとともに、報告体制の確立を図る」「管理職と加害教員が被害を受けた子どもや保護者に対して、誠意をもって対応に当たり、加害教員及び全校教職員に対する今後の指導の在り方を説明する」「保護者へは、体罰行為の非を認めると同時に子どもの問題行動について明確に区別して説明する」「体罰発生の原因の分析と再発防止策の研究に努める」などと明記されている。

注目すべきは、「保護者へは、体罰行為の非を認めると同時に子どもの問題行動について明

確に区別して説明する」の一文である。これは緊急介入と教員が判断したケースを想定しているのだろう。全体としては体罰が起きたら事実を包みかくすことなく、情報をオープンにしていくという大阪市教育委員会の「理念」だけは読み取ることができる。ところが実際はそれもとっくに形骸化したお題目にすぎなかったことが、桜宮高事件の顚末を見ればわかる。

一方、佐賀県教育委員会が出しているマニュアル（二〇一〇年作成）には、教員が体罰を起こしかねない状況にあるかどうかを自らチェックできるように、一〇項目のチェックリストがついている。

一　体罰を行うこともやむを得ないと思っている
二　児童生徒や保護者との信頼関係があれば、体罰は許されるものと思っている
三　体罰をしている同僚を見ても、特に何もせず、口出ししない
四　児童生徒の言動についカッとなることがある
五　児童生徒の思いを聞かずに頭ごなしに叱ることがある
六　児童生徒の言動や態度の背景を踏まえず指導に当たっている
七　児童生徒を指導する際、怒鳴ったり、威圧的な態度で接している
八　自分の指導を絶対化し、児童生徒の人権への配慮を怠っている
九　生活指導全般について、一部の教職員に任せている状況がある

一〇　保護者が体罰を容認していれば、その児童生徒には体罰をしても構わないと思っている

これは「アングリーチェック」と呼ばれ、教員が客観的に自身を見直し、感情をコントロールすることによって体罰を防ごうというものである。

皮肉な話だが、このチェック項目は体罰の特質をよく表している。体罰とはきわめて感情的な行為で、冷静さや理性を失った人間によって行われるものだということだ。ルールを破ったからあらかじめ決められた「量」の罰を与える、という行為ではないのである。

そういう意味では「体罰」という名称そのものが間違っている。罰する理由があってなされるものなら、アングリーチェックなど必要はない。原則的にやりかえされることがない、特別な権力関係間でふるわれる暴力。通常、人間はキレそうになっても我慢をする。自分で暴力を押さえ込む。それに見合ったペナルティが科されるから、あるいは理性がそれを上回るからだ。

それができない人々は、たいがい犯罪者と呼ばれることになる。実際体罰とは犯罪、あるいは犯罪的行為であることが大半なのだが、学校空間では、そういうキレる人々が教育者を名乗ることができる。いったいどれほど奇妙な空間なのか。

## 被害者がどうしたらいいかはまったく書かれていない

各教育委員会が作成する体罰防止マニュアルに決定的に欠けているものがある。問題が発生

した場合、学校や教育委員会がどう対応するかという「マニュアル」である。

これまでに詳述してきた事件を見てもわかるとおり、たとえば、行政の窓口はどこになるのか、事故報告書はどのようにして作成されるのか、調査はどのようにして行われ、報告あるいは公開されるのか、遺族はどのような「知る権利」があり、それを行使するためにはどんな手続きが必要なのか等が、まるで書かれていない。

体罰被害を受けた側の当事者の立場になって考えれば、保護者が子どもの問題を知ったときにどのように対応すればいいのか、教育委員会の代表電話にかければ、どこにつながり、誰がどういうふうに対応してくれるのかという問題に直面することは容易に想像がつく。それらがマニュアルにないというのは、学校や教育委員会には、「自分の子どもに万一のことが起こった場合はどうしたらいいいか」という子どもや保護者の立場に立った視点が一切ないということではないか。「身内」を守るためだけにつくられたようなマニュアルでは、およそ「体罰防止のためのマニュアル」にはならない。

教訓となるべき事例が過去に起きていても、それはまったく継承・共有されていない。

大阪市ではかつて、法務省人権擁護局が作成する『人権侵犯事件例集』に載るような重大体罰事件が起きている。侵犯事件例集では匿名になっているが、一九九〇年に起きた大阪市立加賀屋中学校体罰事件である。この人権擁護局の警告は、教育行政にはまったく生かされなかった。まさに縦割り行政の弊害である。

事件は、当時四一歳の男性教員が、生徒に体罰を八カ月間のうちに一六回加え、減給処分を受けた。さらに処分後も三回、合計一九回の体罰事件を起こしていたというものである。だから体罰を受けた生徒は、相当数に及ぶ。

ほかの生徒に暴力をふるう生徒を叱責の上、平手打ちにしたり、校則違反である自転車通学をしたため頬を数回殴打し、後ろ襟をつかみ足払いをかけて倒した上、脇腹を蹴った。服装指導したにもかかわらずネクタイを短く結んでいたのを見咎め、平手で顔を殴打し鼻血を出させた。トイレで男子生徒がけんかしていることを聞きつけ現場に駆けつけたところ、生徒はいなくなっており、職員室に戻る途中に当該生徒に会ったため、理由も言わず平手で側頭部を一回殴打、その後、もう一方の生徒の顔を平手で殴打して、鼓膜が破れるけがをさせた。生徒らがミニバイクを購入する計画をしていることを知って、放課後に事情聴取。床に正座させて、計画の中心人物の男子生徒の横脇腹を蹴り、髪をつかんで引っ張った。また数人を体育準備室に連れていき、二人の生徒の頭髪をバリカンで丸刈りにした。女子生徒を水着のままグラウンドを走らせたりしていたこともあった。まさに体罰のデパート状態の教員である。

加害教員は関東地方の私立大体育科を卒業し、大阪市内の荒廃した二つの中学校に勤めたあとに加賀屋中学校に赴任してきた。保健体育担当で生活指導係を兼務。バスケットボール部の顧問をしていた。学校長は再三の注意・指導をしてきたが「つい手が出てしまう」などと釈明し、体罰は繰り返された。先にふれたとおり処分後も体罰を行わないよう指導していたが、矯正できなかった。

大阪市教委は、前回の処分後も体罰を繰り返していたとして、その教員を懲戒処分にしたが、それはたった一カ月の停職処分だった。これほどの法令違反を犯しながら教壇に立つことを認めてきた行政の責任は重い。それでも体罰による停職処分は大阪市では初めてのことだった。結局九カ月間学校現場から外れ、市教委の指導・監督の下で研修を受けたのち、大阪市立の別の中学校にて復帰している。

体罰依存症としか思えない教員でも、やり直すチャンスが与えられる。体罰をやめることができない教員でも教育者不適格ということにはならないのである。この問題点についてはのちの章でふれる。

## 内部告発を生かす能力も機能もない教育委員会

マニュアルに実効性がないという問題とともに、内部告発を真正面から受け止め調査をする能力も機能もないことが、体罰がなくならない大きな一因になっていることを指摘しておきたい。

桜宮高事件では、大阪市教委は二〇一三年二月中旬、「バスケ部顧問の男性教諭による暴力で生徒が重大な精神的苦痛を受け、自殺の大きな要因になった」と結論づけた、弁護士五名で構成された外部監察チームの調査結果を公表した。

外部報告書で注目すべきは、バスケ部顧問だった小村基教諭の体罰について幅広く生徒にアンケート調査している点だ。アンケートによると、バスケットボール部では部員五〇名のうち二一名が体罰を受けたことがあり、四八名もが顧問が体罰をふるっているところを目撃したことがあると回答している。

監察チームの調査に対し顧問の小村教諭本人が「平手打ち等の暴力にはそれなりの効果があると考えていた」と答え、バスケットボール部の顧問になった当初から体罰を繰り返していたことも認めている。さらに部員だけでなく、ほかの生徒に対する体罰もあった。したがって、顧問には顕著な暴力傾向が認められると結論し、教育者としての責任はきわめて重く、厳重な処分が必要であるとした。弁護士を主体とした調査チームが教員の「暴力性」を判断し、厳重な処分を勧告したのは初めてのケースではないが、注目に値する。

報告書は、顧問の暴力を防げなかったとしてすでに交代させられた前校長と、その前任の校長、現教頭の三人についても、バスケ部を含む複数の部活で暴力行為や体罰行為があったにもかかわらず放置したとして、その責任を指摘。「適切な対処が行われていれば、生徒の自殺を防ぐことができた」として「校長と教頭の管理監督責任は重い」と結論づけている。顧問の日常的な暴力行為を、校長をはじめほかの教員も目にしていたことは容易に想像できる。事件後、小村教諭が桜宮高に転任する前にいた学校でも暴力事件を起こしていることが明らかになったが、それもおそらく教員間では周知のことだったはずだ。

報告書にしたがって経緯をたどってみよう。

前々校長時代の一一年九月、市の公益通報制度の窓口に匿名の電話で、「桜宮バスケ部で体罰が横行している」という情報が寄せられた。これに対し、市教委や校長は、本格的な実態解明をしないまま、「体罰はなかった」と結論づけた。その背景を見てみよう。

校長が小村教諭に対して聞き取りを行ったところ、教諭は体罰をふるったことを否定し、保護者とのトラブルに発展する可能性もないと答えた。校長はこれを鵜呑《うの》みにし、ほかの教員や生徒に聞き取りすることなく終わらせてしまった。市教委のほうも、学校側に顧問への聞き取りのみを指示し、本来行われるべき生徒への聞き取り調査は指示していない。主将の男子生徒が命を落とす一年以上も前のことである。

同校では同じ一一年に、バレーボール部顧問が部員六人の頬を殴るなどの体罰を繰り返していたことが問題になり、三カ月の停職処分になっていた。市教委はこの処分があったばかりだったことから、もう体罰が行われるはずはないとして、内部告発があった小村教諭の件では生徒への聞き取りを指示しなかったと釈明している。

バレー部顧問はしかし、一二年一一月にも再び部員に体罰をふるっていた。この件について、前校長は「若い顧問の将来を心配」したとして、市教委に報告すらしなかった。

先の公益通報で寄せられたバスケ部の体罰について、学校側に助言する立場の市教委指導部の指導主事（教員出身）が、校長に対し生徒への聞き取りを何度も求めたという。指導主事と校長は押し問答を繰り返し、校長は「（生徒から）自発的な申し出がない」と声を荒らげて拒否したという。指導主事は校長と同じ職場で仕事をした仲でもあり、最後は「わかりました」と折れた。

市教委指導部から「体罰はない」という報告を受けた公益通報の窓口である市監察部は、生徒への聞き取りの必要性を感じながらも、最終的には了承した。担当者は、生徒と教師の信頼関係を崩すことになり難しい、一～二発の体罰なら問題ないだろうと思って容認したと述べている。

外部監察チームは、公益通報を体罰を表に出すための最後の砦《とりで》だと表現している。しかし実際には縦割り行政の上、外部チームも指摘している「馴れ合い」が、その制度を無為化させている。

教育行政はこのような事実をどう厳正に調べていくかということに対して無能であり、身内をかばう意識が先に出る傾向が著しい。体罰調査を指導しなければならない部署に教員出身者の身内をあてるなど、そもそも制度としての公平性にも問題がある。自治体はこの体質を変えるために、内部を「内部」で調査するようなねじれを排除せねばならない。

## 現場の校長・教員に公平な調査を求めるのは無理

校長や教頭などの管理職は、なぜここまで事故の実態を認めたがらないのか。

一つは、これまで述べてきたとおり、裁判になった場合に責任が問われるのを恐れてのことである。

もう一つ別に、人事考課の問題があるだろう。学校でいじめや体罰などの「事故」が起きた場合、教育委員会の責任が問われる展開になると、管理責任者である校長の人事考課には大きな罰点がつく。大きなマイナス査定になるのである。だから保身のために「いじめ」や体罰を意図的にカウントしないのではないか。

たとえばある自治体では、校長、副校長や教頭の評価はAからFの六段階の相対評価であり、定期昇給額について、評価Aは上位一〇%で五〇%の昇給、D〜Fの下位二〇%は逆に二五〜一〇〇%カットされるという、なかなか厳しい評価制度がとられている。いじめや体罰によると思われる「事故」があった場合、校長は学校経営能力がないということで評価が下がり、給与も大きく下がることになる。

　しかし、ここは発想を逆転するべきで、たとえば「いじめ」がゼロの学校はありえないだろうから、いじめに丁寧に対応し、最悪の事態を回避できたようなケース、あるいは体罰問題に厳正に対応したケースはマイナスではなく、プラス評価とされるべきではないかと私は思う。

　聞き取り調査は大変な時間と労力を必要とする。公平性や平等性も求められる。できればそういったことは避けたいと思うのは彼らの本音だろう。そもそも、現場の校長や教員に、聞き取りをはじめとする調査能力が備わっているのかどうかという疑問もある。身内主義の組織ではそうした能力はなかなか育たない。聞き取りに関して、教育研究者らが書いた手引き書の類もいろいろ出てはいるけれど、そのほとんどは組織の「和」を重んじる内容である。聞き取りでは、ときには組織に亀裂が入るようなこともしなければならないはずであり、優先順位が根本的に違う。

　いじめの場合、「一方がいじめ、一方がいじめられた」と報告書に記すと、必ずと言っていいほど「いじめた」とされた一方からクレームがつく。体罰が起きた状況も双方で言い分が食い違うことが多いだろう。過小申告もあれば、過大申告もある。大津のいじめ自殺事件の際にも、あれはいじめではないとビラを撒いた加害者の親がいた。そうでなくとも日常の業務で多忙な中、いじめられた側・いじめた側双方からの突き上げに遭って、業務はますます滞るだろう。

文科省からの調査マニュアルなどの指示には、具体的に何をどう聞くのか、聞き取りに応じた相手のプライバシーを守りながら調査をするにはどうしたらいいのかということまでは書いていない。

やはりこうした調査は、当事者になる可能性がある学校や行政が行うのではなく、桜宮高事件や大津いじめ自殺事件のように第三者委員会にイニシアティブを委ねるのがまっとうな方法なのだと私は思う。

## 内へ内へと向かう教員独特の精神構造

二〇一三年四月、岡山県教育委員会の職員が、県立高校の部活動で体罰があったとする匿名の電話を受けたあと、電話機に表示された電話番号をもとに情報提供者の名前と住所を調べ、学校側に伝えていたという驚くべき事実が判明した。

県教委保健体育課によると、県立高校に通う生徒の保護者と名乗る複数の人物が、二月下旬から三月上旬にかけて三回、「部活動中に顧問がミスした部員を殴った」「平手打ちをして鼓膜を破った」という情報を匿名の電話で連絡してきた。つまり内部告発に近い。職員は、表示された電話番号をインターネットを使って調べ、名前と住所を把握した上で、通報内容を同校に伝えるとともに、該当の生徒がいるかを同校に問い合わせた。

この出来事について、県教委教育政策課は「県個人情報保護条例に基づき、県立学校を含めた県教委内で情報を共有することは問題ないと判断した。生徒の身体に影響を及ぼす事案なのでしっかりと調査したかった」とコメントしている。

しかし問題の本質は、個人情報を共有することが個人情報保護法に反するかどうかにあるのではない。子どもたちを体罰から守るという意識より、学校や身内の組織を守ろうという意識が働き、当該職員も教育委員会もなんの罪の意識も感じていないことが最大の問題なのだ。これは、できるだけ内々に「ここだけの話」で済ませていくという、まさに「村」的な意識だ。

学校は「外側」からこじあけられたり、教員と子どもたちの営みが公にさらされることを嫌がる体質を持っている。生徒の問題に心を砕き、良心を持って教育活動に従事している誠実な教員がむろん大半であると私は思っているが、外側からの「力」に対しては敏感だ。反発するというより押し黙る。

それは、よく使われる言い方だが「子どもたちを動揺させないように」するためだ。子どもや保護者のプライバシーが複雑に絡み合うような事案については、できるだけ内々に処理したほうがいいこともあるだろう。しかしそれが行きすぎると、ことが子どもの命や基本的人権に関わるような重大事になっても同様の対応をしようとし、問題を「公」にすることに二の足を踏んでしまう。

教員は生徒の家族構成から生い立ちなど「プライバシー」を詳細に把握し、学校内で共有することにより、個々の子どもの問題に対応している。それが教育という仕事なのだと私は思う。学校におけるトラブル――いじめやけんかなど――は日常茶飯事だし、そうでなくとも子どもたちは進学の悩み、交友関係の悩み、思春期の悩みなどを抱え、親に対する不満、社会への不満、さらには生きづらさなども抱えている。そのような問題に対応していくためには、教員もその子どものプライバシーを細かく把握しながら対応していかないと、解決に向かえない。だからこそ、そういうトラブルについてはできるだけ内々に処理をしていくという習慣づけがなされていくのだろう。

しかし、学校という閉じられた空間内だけで処理をすることに慣れてしまうと、いざ重大事が起きたときに、公正かつ厳正な調査が行えず、馴れ合いで済ませがちになってしまう。学校の「外側」から見ればそれは「隠蔽」なのだが、そのような指摘を向けられても、教員たちには響かない。そのような教員独特の精神構造も、体罰がなくならない要因の一つだろう。

## 愛のある体罰は必要という論理

二〇一三年二月、伊吹文明衆議院議長は自民党岐阜県連主催の政治塾において、スポーツ指導や教育現場の体罰について次のようなことを語ったと報じられた。

「体罰をまったく否定しては教育なんかできない。このごろはそんなことをすると、父親や母親が学校へ怒鳴り込んでくるというんだけど、そういった父母はどの程度の愛情を子どもに持っているのか」「なんのために体罰を加えるのかという原点がしっかりしていない。立派な人になってほしいという愛情を持って体罰を加えているのか、判然としない人が多い」

典型的「愛の鞭」論である。たとえば、ドラマの教師役が長かった某有名俳優は、体罰について、「体罰というのは、信頼関係がなければそれはただの暴力だけれど、信頼関係があって愛情を込めてする愛の鞭であれば、それは喜びに変わるんだ」という趣旨のことを語っている。私は福岡県飯塚市の近大附属女子高で起こった体罰死事件を取材して地元を歩き回っていたときも、この理屈をよく耳にした。乱暴な発言であり、「先生はエラいもので、体罰は賜《たまわ》るものである」というようなニュアンスまで感じる。

通称ヤンキー先生こと、文部科学省大臣政務官の義家弘介氏は、元不良少年だったが更生し、北星学園余市《よいち》高等学校（北海道余市郡）で教鞭をとっていた経歴を持つ。北星学園には全国から非行歴のある子どもや不登校の子ども、いじめに遭って苦しんでいる子どもなどが集まる。北海道の大自然の中で寮生活を送りながら「生き直す」のが学校の特色だ。私もその学校を取材のために何度も訪れたことがある。大自然の中で不釣り合いな特攻服を着ていきがっている不良少年たちのことをよく覚えている。

義家氏は記者会見の席上、桜宮高事件にふれて、多くの学校関係者や教員から、どこまでが「懲戒」として認められ、どこから「体罰」になるのかという質問が寄せられていると語った。それは質問というより、そういった線引きに縛られていては手に負えないような子どもたちがいるという、教員たちの「悲鳴」に近い声なのだろう。

その上で義家氏は、「安易に体罰という言葉が使われているけれども、これ（自殺した生徒が受けた体罰）は継続的、日常的に行われた身体的・精神的暴力だ」と怒りを露わにした一方で、「教育的な目的から、（生徒が）ミスを犯したらコート一〇周しろなどと言うのは、これはありうる体罰ではないか」とも言っている。ありうる体罰とは、先にふれた文科省が示した「体罰には当たらない行為」のことであり、正確には「ありうる体罰」という言い方は正しくない。それは懲戒行為の範囲に入る。

体罰が教員の持つ特権的な「力」であり、それをすべて禁止されては子どもにナメられてしまう。「教室内」であれ、「部活内」であれ、ともかく学校の中で体罰を完全になくしてしまってはだめだ――そんな意見は根強く、消滅はしない。これは日本社会の精神性に埋め込まれたものなのだろうか。

## 「子どもには体罰を受ける権利がある」

一九七九年から八二年にかけて、私塾「戸塚ヨットスクール」（愛知県知多郡）において合宿中の四名（一三歳二名、一五歳、二一歳各一名）が死亡、あるいは行方不明になっている。あまりにも有名な「戸塚ヨットスクール事件」だ。戸塚宏校長は体罰が常態化していたことを堂々と公言しており、傷害致死罪で有罪の判決を受けて服役した。しかし、スクールは現在も活動を継続しており、二〇〇六年から一〇年にかけても寮生四名が死亡している。

すでにふれたように、一九八五年三月には体罰を苦にした中津商のA子さんの自死があり、同じ年の五月には岐阜・岐陽高の事件があり、私が一〇代後半を過ごした八〇年代前半は「体罰の時代」だったという実感が今も消えない。

先に紹介した政治家やタレントの「体罰容認論」はソフト容認論というべきものだけれど、日本では「子どもには体罰を受ける権利がある」とまで公言するハード容認論も長く続いている。戸塚ヨットスクールは現在も続いているが、死者が何人出ようともそこで子どもを鍛え直してほしいと願う大人は多い。中には自分の責任を感じて一緒に入る保護者もいるほどである。

とりわけハード容認論を展開するのは、政治的には極右派で民族差別発言をしても何も釈明しない一部のオピニオンリーダーである。「体罰は教育です」「叱るより褒めるでは強い子は育ちません」「子どもには〝体罰を受ける権利〟があります」――これらは「体罰の会」なる団体のキャッチコピーである。二〇〇九年に発足した団体であることを考えると、少なくとも体罰を厳しく禁止していこうという文科省の流れに逆行するように成り立ってきたグループなのだろう。発足の主旨・目的については、「戦後教育によって多くの国民に深く刷り込まれた体罰という言葉の否定的なイメージを払いのけるのは並大抵のことではありませんが、我々は、この洗脳から解放されることが教育再生の大きな第一歩であり、その具体的な目的として、学校教育法第一一条但書の改正（削除）をもって教育正常化を実現する国民運動を展開する」とある。

彼らのターゲットは「校長及び教員は、教育上必要があると認めるときは、文部科学大臣の定めるところにより、児童、生徒及び学生に懲戒を加えることができる。ただし、体罰を加えることはできない」という学校教育法第一一条の条文で、「ただし、体罰を加えることはできない」との一文を削除することが目的だ。

趣意書には「教師と生徒の序列と秩序が乱れ、いじめや不登校、自殺などが起こって、教育全体が回復不能の状況となり、社会秩序が崩壊寸前にあります。怠惰を助長させる放任主義は、まさに教育の放棄であり、社会秩序の崩壊となります。そのために、少なからず他律的な矯正の力が必要となります」というくだりもあり、社会秩序の崩壊の原因は体罰を禁止した教育にあるという飛躍した論理を展開させている。

同会の会長は外交評論家の加瀬英明氏で、かつて歴代自民党政権の特別顧問を務め、新しい歴史教科書をつくる会の顧問、つくる会教科書の出版社「自由社」の社長も務めている。発起人・顧問兼支部長には戸塚ヨットスクール校長の戸塚宏氏も名を連ねている。

私はかつて出所してきた戸塚氏にインタビューしたことがあるが、スクール生の死について尋ねると、「おまえはわしに何を言わせたいんじゃ」と凄まれた。余談であるが、取材後に「待ち合わせがある」と、ホテルのロビーで戸塚氏が合流したのが石原慎太郎氏だった。

石原氏が体罰を容認していることは多くの人に知られている。あるシンポジウムでは、戸塚ヨットスクールについて、「パーフェクトな試み」と絶賛し、戸塚氏の持論を引用しながら、「戸塚さんの言っていることはすべて正しいと思います。事件で不幸なことになってしまったが、彼の言っていることはあらためて見直されるべきなんだ。彼の受け売りだが、小さいころに肉体的な苦痛を受けたことがない人間が社会に出て増えていくと、ロクなことにならない」と檄《げき》を飛ばしている。

このシンポジウムにはその戸塚氏、体罰の会会長の加瀬氏、ジャーナリストの櫻井よしこ氏らも参加していて、「体罰（の禁止）を見直せば、今の教育は八割方よくなる」（戸塚氏）、「『子どもは動物に近い』と言ったのは福沢諭吉です。子どもに理知的な体罰を加えることは認められなければならない。それを認めないということが学校教育を混乱させている」（加瀬氏）、

「幼いころに肉体的苦痛を知らずに育った子どもはだめだという話ですが、私の両親・祖父母の時代はそのことをよく知っていて、家庭教育でも学校教育でもそれをやっていたんです。体罰、訓練、そうしたことをわれわれの生活の中に取り戻さなければなりません。そういうことが当たり前になれば、戸塚さんが捕まるようなこともなかった」(櫻井氏)という発言が続く。こうした体罰論や体罰観は極論に見えるかもしれないが、ソフトであれハードであれ日本社会の体罰容認思考の人々のベースにあるものとそうかけ離れたものではない。

## 学校体罰と児童虐待はつながっている

体罰を容認・肯定する語りには、常に殴る側の視線しかなく、殴られる側のそれがない。同じ程度の体罰を受けても何も感じない子どももいれば、深く心に傷を負う子どももいる、感受性は人によって異なるという自明の理も排除されている。

体罰を受けた子どもたちが、それでも体罰をふるう教師を「いい先生」だと言う。それは、殴られるときは辛く、嫌だったし、また殴られることに恐怖を感じているのだが、それをクリアした、耐え抜いたという経験を経ることでとらえ方が逆転するからだ。理不尽な体罰や暴言に耐え抜いてきた自分をほめ、耐えたことは間違いではなかったと考える。と同時に、自分のためを思ってやってくれる「愛の鞭」だったんだと、心身が拒否していた「体罰」がとたんに美化される。耐えたことで成績が伸びたり、スポーツで勝利をおさめたりすればなおさらだろう。そう考えること自体は否定しないが、同時に危うさをはらんでいる。

「危うさ」とは、耐えられずにやめていった仲間、トラウマになって苦しんでいる仲間、そして死んでしまった仲間に対して、根性が足りなかったのだ、我慢が足りなかったのだと、負け組の烙印を押すような精神が芽生えてしまうのではないかと思うからだ。そして、無意識にせよ、自分が勝者になった気分を味わう。「体罰」体験とは、そのような感性の人間を育てるおそれがあるのではないか。

これも私が取材を通じてさんざん見てきたことだが、顧問が暴力的な部活は、ほぼ間違いなく、部活内の先輩・後輩関係も暴力的だ。ときおりスポーツ強豪校で生徒間の暴力事件が表沙汰になり（たいがいは先輩が後輩に暴力制裁を加える）、大会への出場が取り消される出来事を見聞きするが、体罰と生徒間暴力は比例していると言ってさしつかえない。手本である教員が暴力で支配するのだから、生徒たちも同じ手法を真似るという単純なものだ。このことは桜宮高事件のあとに元プロ野球選手の桑田真澄氏も指摘している。桑田氏は先輩後輩間の暴力を断ち切っていた側だと告白していたが、それは稀なケースだろう。

また、体罰は「学校の外側」へと連鎖することが多く、しばしば親子関係へも引き継がれる。体罰を受けて育った者は、自らが親になったときも体罰をよしとし、子どもが学校で体罰を受けることを受け入れるか、もしくは自分が手を上げるだろう。

児童虐待死の問題が大きな社会問題になって久しい。「保護者」が叩く、踏みつける、水につける、食べ物を与えない、屋外に放置する、熱湯をかけるなどの陰惨なネグレクトやリンチを年端も行かぬ幼子に繰り返し、あげくのはてに命を奪う。そのおぞましいばかりの幼稚さにあきれ、怒るのは簡単だが、彼らが判で押したように口にし、信じている「しつけの延長」との言い方に、私たちはもっと注意を向けるべきである。彼らの多くが自分の親や養育者、配偶者、教員や先輩らからされてきたことを、再生産しているにすぎないのである。

幼い子どものしつけには叩くことも必要という教育の専門家の指摘もある。しかし、それは往々にして、幼稚な人間が自らの不全感のはけ口として子どもを虐待することを、正当化する言い訳に転化される可能性もある。しつけと虐待の違いがわからなくなっていく理性を失った親や養育者の姿を見ていると、しつけには叩くことも必要という教育論は、先に紹介したような体罰賛美論につながっている部分がある気がしてならない。

「間違ったことをしたら先生からきつく叱ってください」「間違ったことをしないように先生から教えてやってください」という言い方は、「家でも厳しくやっていますから、学校でもそうしてください」という意味でもあるし、「先生に全部お任せします」という意味合いもあるだろう。そういう「期待」に体罰まで含まれるとは思いたくないが、実際私は、腕力の強い体罰教員にわが子を託して、暴力的しつけを代行してもらっているような保護者を何度も取材したことがある。体罰教員ファンクラブのような保護者たちであった。

「厳しくやってください」というごくありふれた保護者の思いは、支配的暴力の連鎖や循環の中に子どもを放り込むことになる。大袈裟《おおげさ》と言われるかもしれないが、わが子がそこで心折れてしまうリスクもとることになる。そのことがどれほど自覚されているのだろうか。

## あらゆる有形力行使禁止が世界のスタンダード

そもそも、学校における体罰が是か非かなどと議論をしているのは日本ぐらいである。海外では、学校内における体罰は子どもへの虐待と見なされる。そして世界では、今や体罰禁止の焦点は「家庭」に当てられている。保護者でさえ子どもに対する体罰が禁止される方向にあるのだ。告発者が保護されるシステムを整え、子どもが安心して被害を訴えることのできる救済機関を設置する国が増え始めた。

すでに家庭における体罰を禁止した各国の法律を見てみよう。

「子どもはケア、安全および良質な養育に対する権利を有する。子どもは、その人格および個性を尊重して扱われ、体罰または他のいかなる屈辱的な扱いも受けない」

（スウェーデン・子どもと親法）

「子どもは理解、安全および優しさのもとで育てられる。子どもは抑圧、体罰またはその他の辱めの対象とされない。独立、責任および大人としての生活に向けた子どもの成長が支援されかつ奨励される」

（フィンランド・子どもの監護およびアクセス権法）

「子どもは、有形力の行使を受けずに養育される権利を有する。体罰、心理的被害の生起その他の品位を傷つける措置は禁じられる」

（ドイツ・養育における有形力追放法）

「母、父その他の法定保護者ならびに青年は、家庭における教育の一般的促進のためのサービスを提供される。当該サービスは、母、父その他の法定保護者の教育上の責任がよりよい形で遂行されることに寄与するためのものである。また、有形力を用いることなく家庭における紛争状況を解決する手段を示すためのものでもある」

（ドイツ・青年福祉法）

「子どもおよび若者は、子どもの権利に関する条約に掲げられた権利および次の措置に対する権利を有する。

a　とくに差別、ネグレクト、暴力、虐待および性的虐待からの保護

b　暴力のない教育／養育。体罰、心理的危害その他の品位を傷つける取扱いは認められない

c　自己に関わる社会的、政治的、経済的および文化的状況への参加

d　とくに裁判所および行政との対応において、その成熟度および年齢にしたがって意見

を表明しかつ聴かれること

ｅ　その最善の利益が優先されること」

（リヒテンシュタイン・子ども・若者法）

これらを見てもわかるとおり、学校における体罰はもちろん、子どもへの体罰はすべて「やってはいけないことである」という概念は、世界のスタンダードと言えよう。これは、暴力的しつけが、保護者個人の勝手な判断で正当化されてしまうのは間違いであることを啓発する意味も持っている。

繰り返すが、子どもを虐待して逮捕された保護者や親が、よく「しつけのつもりだった」と言い訳する。それは日本では、「しつけであれば殴ってもいい」「子どもを殴ってしつけるのは当然」という考えが、まだ違和感なく受け入れられているからだ。私たち大人が「体罰」を受け入れやすい家庭・学校文化をつくり、それが「体罰死」を起きやすくしている。体罰によって子どもの命が失われる不幸な出来事に私たちも社会的に加担しているのだ。

第四章

# 体罰でスポーツは強くなるのか

## 部活体罰はドメスティックバイオレンスと同じ

この章ではスポーツの現場、部活における体罰について考えたい。

部活体罰とドメスティックバイオレンス（家庭内暴力）は似ているのではないかと私は言い続けてきた。体罰依存の教員がほぼ間違いなく「熱心で、生徒思いの、いい先生」という高い評判を受けているのは、ドメスティックバイオレンスをふるう男が、ふだんは「優しい」男であることが多いということと共通していると思うのだ。

一般的にドメスティックバイオレンスの事例では、夫が妻を自分のコントロール下に置きたいと思い、その願望が満たされない時期を経て、だんだんと暴力をふるい、暴言を吐くようになる。暴力体質はもともとからひそんでいたものであると考えられる。

暴力をふるうことにより、相手を恐怖によってコントロールし、無力感や絶望感を植えつけていく。そして、その次に一般的に「ハネムーン期」と呼ばれる時期がある。優しくなってプレゼントなどを買ってきたり「二度と暴力はふるわない」と約束したり「俺が悪かった」などと泣いて謝罪したりするのだ。

このようなサイクルが繰り返され、アメと鞭にふり回されることによって、暴力を受ける側には裏切られ感や諦め感が積み重なり、同時に抵抗する力が奪われていく。

基本的なドメスティックバイオレンスの特徴は、暴力行為と暴力の合間に出現する見せかけの「優しさ」とのセットにある。だから無間《むげん》地獄的なサイクルから被害者も抜け出せなくなるし、共依存的な関係に陥りやすい。信頼と裏切り、怒り、恐怖などが交錯することにより、殴られる側は精神を病んでいってしまう。

とすれば、加害者（教員）には治療的な対処が必要である。体罰が問題とされた教員が教育委員会の指示で「研修センター」などにしばらく行かされ、「体罰はやってはいけません」という表面的な再教育を受けるだけでは効果がない。それとは別に、専用のプログラムを使って根本的な人格を治療し、ドメスティックバイオレンス的体罰に依存しない心身に生まれ変わらせるような介入が必要なのではないか。むろん、それには長い時間がかかる。

無限に続く、たとえば夫婦間のドメスティックバイオレンスに比べて、学校の体罰は一定の期間を耐えることができれば「脱出」することができるという出口がある。しかし、先にも述べたように、スポーツの成績が上がったり、生活態度が矯正されたりすると、体罰体験はよき記憶に変わり、共依存的な不健全な関係にあったことが美化されてしまう可能性がある。無事に「脱出」できた生徒たちがそう考えることで、暴力をふるう側は「愛の鞭は正しい」というふうにますます増長し、当初は後ろめたさも感じていた自らの行為を正当化するようになっていく。

## 駅伝名門校で行われていたこと

桜宮高事件を契機にして、全国でそれまで公然と行われていながら、恣意的に「ないものとされてきた」体罰の実態が次々に明らかにされてきた。その多くが、スポーツエリート校、強豪校のカリスマ的な指導者によるものであることに留意してほしい。

たとえば、桜宮高事件後に発覚することになった、愛知県豊川市にある豊川工業高校陸上部で日常化していた体罰もそういう構造だ。

豊川工業高校は、全国大会で二位になるなど高校駅伝の強豪として知られるが、陸上部監督を務める渡辺正昭教諭（当時五〇歳）が部内で体罰をしていたことが発覚した。報道等によると、発覚のきっかけは大阪・桜宮高の男子生徒自殺問題を受け、県教委が行った県立学校への体罰調査だった。調査を開始した当日のうちに、匿名の豊川工関係者数人から当該教員による体罰情報が寄せられた。

同校の校長が会見したところによると、渡辺教諭は二〇一二年四月から複数の部員に平手打ちなどの体罰を一二件繰り返していたと説明した。たとえば、うち一件は夏合宿中で、教諭は意識がもうろうとしていた男子部員の顔を両手で二回叩いたところ、鼓膜が傷つき、このけがが原因で意欲が低下し転校を余儀なくされたという。また、ほかの部員の前で叩かれ退学した女子部員もいた。校長は「行きすぎた体罰だった」と謝罪したが、渡辺教諭は「いずれも体罰でなく指導だった」と話したという。

実は渡辺教諭は二〇〇九年に保護者から体罰の指摘を受け、「体罰は二度としない」という内容の誓約書を学校側に出していた。しかし、半年後にはデッキブラシで部員に頭を縫うほどのけがを負わせ、県教委から文書訓告処分を受けている体罰常習者だった。

また、東京新聞（二〇一三年一月二七日付）が報じるところによると、渡辺教諭は「死に追い込んでやる」と怒鳴りながら、陸上部員を殴ったこともあったそうだ。「証言によると、監督の男性教諭は部員の中から標的を選び、殴ったり蹴ったりしていた。欠席連絡の行き違いなどを理由に『学校に来られなくしてやる』と怒鳴られた部員も。一〇分以上殴られ、鼻血を流す姿を目撃した生徒もいる。部員が殴られ、顔を腫らすことは珍しくなかった」と常軌を逸した体罰が報じられている。

また、同記事では、「全国に知られた駅伝の名門校のため、子どもへの体罰を知った保護者も『他の部員に迷惑を掛けないように』と我慢せざるを得ない状況があった。別の関係者は『校長や監督以外の教諭も体罰を知っていたはず。強豪校の名誉を守りたかったのかもしれないが、学校の体制も問題』と批判する。部員や保護者が体罰を校長に訴えても、それを知った監督にまた部員が殴られることもあった。監督による日常的な体罰と、止めることができなかった周囲の人たち。『退学したり転校した子もいる』」と、ここでも学校ぐるみの隠蔽が明らかなことが報じられている。体罰教員が牽引するスポーツ強豪校特有の現象だ。

保護者は「このままでは子どもを任せることが不安」という批判派と、「子どもは渡辺先生がいる豊川工業高に進学したのだから、渡辺先生を指導の場に戻してほしい」という擁護派に分かれているという。桜宮高と同じ構図だ。

そして案の定と言うべきか、元PTA会長や、同校陸上部OBの親ら五人が中心になって署名運動が始まり、陸上部での指導継続を求める約三万七八〇〇人分の署名を県教育長あてに提出している。「渡辺先生の指導で子どもは人間的に成長できた」というのが嘆願理由。私がこれまでに幾度となく見てきた光景である。

地元新聞である東愛知新聞はこの事件を「壮大な夢の果てに　豊川工陸上部の体罰問題を考える」(二〇一三年二月四日〜二〇日付)と題した長期連載で追及している。地元紙ならではの丹念な取材記録を読むと、渡辺教諭は兵庫県内の工業高校陸上部顧問(大学の先輩でもある)に私淑し、荒れた学校を立て直した「体罰教育」に倣ったという。長距離は「素質より努力が、闘争心よりも克己心が勝敗を左右する教育効果が高い種目」だと崇高な理念を持って陸上部の指導にすべてをかけてきたこと、寄宿舎を自宅敷地内に自費で建設したこと等、熱血漢であったことがよくわかる。体罰があることがささやかれるようになったのは就任五年目ぐらいからで、体罰を苦にして退部した女子部員は、実は報道されているよりも多くの体罰を受けて「死にたい」と漏らしていたことも報じている。

## 体罰をふるった次の瞬間に優しくなる

この連載の中で、私が膝を打ったのは次のような保護者らの言葉を紹介したくだりだった。

「母親の一人は保護者の気持ちを代弁して、こう明かす。『素晴らしい指導力と、子どもを思いやる気持ちがひしひしと感じられる一方で、子どもたちを苦しめる体罰があり、暴言を吐くこともある。どちらが本当の先生なのか、私たちもわからないのです』

別の母親はこう言う。『うちの子への体罰は、ほとんどない。でも、指導に際して〝おまえは、母親に似てずるいところがある〟などと保護者を引き合いに出して非難する。子どもはつらい思いをすることもある』

もう一つ保護者を戸惑わせているのは、厳しさと優しさが同居というより、表裏一体で現れる教諭の態度だ。

『厳しく叱った次の瞬間、子どもの表情に反省や後悔がみられると、ものすごく優しくなる。叱った後に強く抱きしめる感覚。子どもたちは複雑な感情を持つみたいです』」

保護者だけでなく、体罰を受けた子どもの側も同じような倒錯感におそわれていただろう。

私も体罰事件を取材する中で、ここに書かれているような言葉をよく耳にした。

そして連載は、「広い意味でドメスティックバイオレンス（DV）ではなかったか」と前置きしてこう続く。

「教諭の体罰の特徴は、第一に激しく発作的なこと。第二に体罰の直後に、一転して優しい言葉で包み込むこと。第三に、暴言を吐くときは部員の保護者に対する否定的な評価が添えられること。第四に体罰を与えているという意識が極めて低いことなどだ。（後略）」

先に述べたが、私もこの見方にまったく同感である。学校という閉鎖的な空間で、このようなドメスティックバイオレンス的な連鎖が起きている。そして学校においては、ドメスティックバイオレンスの加害者の特徴に加えて、生徒の側のチームを引っ張るという重責、自らが選んで入った部活であるという自責、親からの期待などが複雑に絡み合い、両者の関係を離れがたいものにしていく構造がつくられる。

二〇一三年三月の愛知県教育委員会の公表によれば、体罰による処分者は二〇一二年度分だけで八〇人以上に上っている。懲戒処分は五人で、豊川工業高校の渡辺教諭も含まれている。渡辺教諭は停職四カ月、同校の校長も管理監督責任を問われて一カ月間の減給一〇分の一となった。ほかは戒告処分が三人、文書訓告二六人、口頭訓告二六人、厳重注意一八人等で、いずれも体罰や体罰にともなう管理監督責任をとったものだった。教員の「懲戒」問題についてはのちの章でふれるが、戒告は地方公務員法で決められた懲戒処分の中では最も軽いものである。

停職処分となった渡辺正昭氏は二〇一三年四月から隣接地域の高校に異動となり、今後一年間は部活の指導は自粛すると伝えられた。しかし、その後、「一身上の都合」で自ら教職を辞する結果となった。

## 「理不尽なものを受け入れて強くなる」という文化

スポーツの指導者に対して子どもへの厳しい指導を求め、体罰も厭《いと》わないという保護者が多いことは何度も指摘してきた。桜宮高事件や、日本女子柔道ナショナルチームの選手一五名による告発によって、保護者の下支えや、長きにわたる「慣習」として体罰指導が定着化してきたことに、多くのスポーツジャーナリズムからも批判の声があがった。

たとえばサッカーを専門分野とするスポーツライターの金子達仁氏は、日本のスポーツにはもともと精神風土として「理不尽なものを受け入れて強くなる」という文化があると指摘している。保護者が厳しい指導を求めるのは、子どもが理不尽な体罰や乱暴なもの言い、過酷なトレーニング、厳しい約束事といったものに耐える力をつけることを最重要視しているからではないかというのだ。

社会に出ると自分の思いどおりにならないことがたくさんあるから、それに対する耐性をつけるためだ——それはなぜ厳しい校則が存在するかを説明するときに使われてきた言い草だ。

厳しいというより、意味のない校則。スカートの丈を物差しではかるとか、前髪は何センチとか、靴下の色とか、天然パーマ証明書とか、バイクの三ナイ運動ならぬ一〇ナイ運動などに有無を言わせず従わせるのと同じだ。

意味や合理性がなくても、理不尽なことを教員から命令されても、子どものうちは従え。これが社会に出て味わう理不尽さに耐える予行演習だ――このような強要は、疑問や疑念を抱かず思考停止することを「身体」で覚えさせるということなのだろう。よけいなことは考えてはいけない。反発する気持ちを持ってもいけない。ただ黙々と従え。そうすれば大人になってからきっと感謝するようになる。そういう考え方が私たちに染みついている。だから脱落した者、逃げた者に対しては冷たい視線を浴びせてしまう感性も併せ持ってしまっている。

## 選手に思考停止と服従だけを強いてきた日本柔道

私が中学校で初めて部活のバスケットボール部に入ったとき、たった一年上の先輩がものすごく大きく、恐ろしい存在に見えた。「ボールを運べ」「荷物を持て」「ジュースを買ってこい」「肩をもめ」と先輩に言われれば、黙って従うのが先輩後輩のルールだと思っていた。命令されると、自分が部活の一員として承認されたようでうれしくもあった。

先輩のさらに上に君臨している顧問教員の命令は天の声に等しい。顧問教員からリンチのようにボールを至近距離から連続して当てられても、これはなんのトレーニングなんだろう、どんな意味があるのだろうなどと考えることは許されない。そのとき、私にボールを投げつける顧問の半狂乱になった表情は今でも覚えている。突き指をしてプレイができなくなっても、ボールの恐怖感を払拭することのほうが重要なのだというようなことを顧問は言っていたが、けがをしては元も子もないので、私は顔面を両腕でガードするような恰好をしてしのごうとした。それを見た顧問はさらに逆上し、私にビンタを張った。理不尽な思いにとらわれたが、部活とはそういうものだと信じ込んでいた。

精神の鍛錬とか、理不尽に耐える力をつけるとか、非合理的な美学を理解させるとかいうことをスポーツの目的とするのは、日本独特の価値観である。日本のサラリーマンのエコノミック・アニマルたる所以《ゆえん》は、そうした学校や運動部での修業によって社会の理不尽に対する耐性をつけたことにあるのではないか。

だが、これも金子氏による指摘なのだが、今や理不尽な出来事に対して自己の意見が言えないような者はむしろ社会に出たときにマイナスだろう。

柔道にしても、海外のナショナルチームでは、コーチが選手たちから、この練習にはどういう意味があるのか、この練習をするとどういう効果があるのか、と質問攻めにあうそうだ。今自分が行っている一つ一つにどういう意味があるのかを理解し、納得をした上で練習し、技術を磨き、体力や精神力をつけていくのである。それが当たり前で、ましてや体罰や暴言など論外である。

日本のナショナルチームは、そのような海外のチームのスタンダードを熟知していたはずなのに、まるで離れ小島に取り残されたように、暴力漬けの中で選手たちを「育成」していた。体罰を禁止して強い選手を育て、成果を上げている海外のナショナルチームをどうして見習うことができなかったのか。

告発されたコーチらは「勝つことに焦りすぎていた」などと口を揃えて釈明していたが、それは違うと私は思う。根本の原因は、彼ら自身が、よけいなことは一切考えずにコーチや監督の言うことにひたすら服従せよという貧しい精神に、骨の髄までとらわれていたことにある。

指導者やエリートたちは、自分たちがそういう環境の中で育ってきたのだという自負があるから、現状を客観視し、間違いを見つめることができない。コーチや、問題を見過ごしてきた全柔連の幹部たちは、おそらくいまだに、選手たちが味わった屈辱の一端もわかっていないと思われる。

監督やコーチが「柔道が強くなければただのデブだ」と女子選手を怒鳴る。彼らには、それがハラスメントという意識はなかったはずだ。叱咤激励しようとして、つい口がすべって出てしまったということではない。そのようなハラスメントの言葉は、彼らにとって日常言語だったのだろう。

侮辱された選手が「なにくそ」と反発することで強くなってほしかったということも言い訳にしていたが、人間理解に乏しいはなはだしい勘違いと言うしかない。女性として、人間としての尊厳を傷つけられ、それでモチベーションが上がるはずがない。日本の柔道の不調が言われて久しいが、このような指導法では勝利から遠ざかる一方だろう。

## 人間教育としての「道」でなくなってしまった

「柔道はもともと相手を倒す戦闘目的のものでした。いわゆる柔術ですね。ところが柔道の創始者、嘉納治五郎《かのうじごろう》師範はそこに疑問を持ち、指導方法を体系化して安全に学べるものにしました。強くなるには『術』が大事だが、それが目的ではない。その術を覚える過程で自分という人間を磨く大切さを説いた。だから『道』になったんです」

これは、筑波大学大学院准教授の山口香氏が朝日新聞のインタビューに答えたものである（二〇一三年二月七日付）。山口氏は女子柔道のオリンピックメダリストで「女三四郎」の異名をとっていたことはよく知られている。ナショナルチームの選手一五名が当時の園田隆二監督ら指導陣のパワーハラスメントをＪＯＣ（日本オリンピック委員会）に告発する際、それをサポートした。園田前監督についてはこう言っている。

「園田前監督らは金メダルをとらせないといけないという重圧から、戦闘目的の『術』に戻ってしまった。人間教育がどこかにいってしまったんです。嘉納師範は、柔道の修行として『形』『乱取り』『講義』『問答』の四つを挙げています。後ろの二つを一部の日本人が省略し、柔道の姿を変えてしまったんです」

選手たちが告発に踏み切る前、山口氏は指導陣のパワハラについて全柔連で訴えた。しかし園田監督の指導は変わらず、選手たちがロンドンオリンピックで好成績を残したことについて、「俺が厳しく指導してきたことが今回（勝利）につながった」と述べたといい、山口氏の訴えは届かなかった。当然、全柔連は園田監督を続投させる。山口氏は憤慨した。勝たせるため、強くするために暴力が効果的だという指導者たちの思想が、本来の柔道の精神を大きく蝕《むしば》んでしまった、と。

おそらく日本の柔道界トップクラスの指導者たちの多くはスポーツが本来持つ「楽しさ」を知らずに育てられた。そしてスポーツを「楽しむ」ことと「強くなる」ことを、まるで逆のことのようにとらえている。楽しむことによってこそ力を発揮できるということがわからない。自分の頭で考えて体を動かすこと、山口氏の指摘する「講義」と「問答」をともなって「道」を説くことができる指導者はごく一部だろう。

パワハラ問題に端を発して、全柔連が長年にわたって不正に助成金を使用してきたことも明らかになった。不正受給をした当事者がメディアに対して内部告発したのだ。独立行政法人日本スポーツ振興センターから指導者に支給される助成金（一人年間一二〇万円）の三分の一が、幹部の指示で、関連口座に「上納」させられていたという。助成金制度は活動資金難に苦しむ選手や指導者の救済のためにつくられたものだが、「上納」された助成金は、幹部の交際費や飲食費などにも消えていたという。しかも、助成金を得るためにつくられる「強化選手と担当指導者のリスト」に、「指導実態があるとは思えない指導者」や指導経験のない者が記載されていることが判明する。要するに、名義貸しによる裏金づくりだ。このような構造も、体罰にどっぷりひたってきた体質とつながっていると私は思う。

この問題についても全柔連に自浄作用は働かず、なんの具体的解決策や組織改革を提示できずにいる。内閣府から一連の暴力問題や助成金流用問題についての報告書を出すように求められても、あたかも他人事のような文言が並んだだけのものしか出すことができない、思考停止した「公益団体」なのである。

## メディアも見て見ぬふりをしてきた

スポーツライターの玉木正之氏が、「苦い思い出がある」とコラムに書いているのを読んだ。玉木氏は、甲子園の常連校である北海道苫小牧東高等学校の監督が、「殴る俺の手も痛いんだ」と激昂しながら生徒を殴るシーンを目の前で見たことがあるという。「それに疑問を抱けなかった自分が恥ずかしい」と玉木氏は振り返るのである。信頼関係があれば体罰も許される、その痛みが喜びに変わる、それが幻想にすぎないということに長い間、気がつかなかった、と。

私も中学生や高校生のスポーツ大会を取材しているとき、選手の顔が腫れ上がるぐらい殴る大会常連校の監督やコーチを目の当たりにした。選手たちは歯を食いしばってそれに耐え、何を言われても「ハイッ」「ハイッ」と答える。気合いを入れてほしいと自ら頬を差し出す子どももいた。コート中に教員の罵声が響き、その後バシッという音がする。今思い返しても嫌な光景だ。誰もがそれを愛の鞭と理解し、抗議などしていなかった。私もただ見ているだけの一人だった。

毎日新聞や朝日新聞は日本ではリベラルな新聞と言われるが、目の前でそういった光景が繰り広げられていても、記者がそれに抗議する光景も見たことがない。体罰に抵抗感がない国民性の表れと言える。

そうした監督やコーチたちを情熱的指導者と称して持ち上げるメディアにも責任の一端はあるのではないか。高校野球の現場や、部活の現場をたくさんのメディア人たちが見てきており、眼前で子どもたちが殴られているのを見てきたはずである。見て見ぬふりをしたり、諫めようとはしなかったのは、主催者の体面を保つためだったのか、それとも問題意識を持った記者がいなかったのか。高校野球を主催してきた朝日新聞社や毎日新聞社は反体罰キャンペーンを展開しているが、それまでの見て見ぬふりをしてきた責任も問うてほしいものである。

## 強豪校で体罰がふるわれてきたという現実

大阪・桜宮高や岐阜・中津商の名門運動部、先の豊川工業高校もそうであったように、スポーツエリートを養成する強豪校で、これまで何度となく体罰の横行が発覚してきた。

体罰でスポーツが強くなるとしたら、それはなぜなのか。体罰にはなんらかの「効果」があるのだろうか。

効果の一つは「即効性」だと指摘する向きがある。何度注意されても同じミスを繰り返してしまうときは、言葉で言うより叩いて身体の痛みとして瞬時に覚えさせるほうが早いというものだ。女子柔道のナショナルチームでも選手を殴って指導していたということは、この即効性の論理はナショナルチームのようなハイレベルな選手にも通用していたのだという見方もある。

だが、実際に叩いて覚えさせることができるのは、トップレベルに至っていない、まだのびしろのある子どもたちだけだとの指摘もある。自分で考えてトレーニングをするのではなく、命令されることに対して従順な年代や層の子どもたちということだ。本当にそうだろうか。

また、体罰指導には、処罰や体罰の恐怖によって練習に追い立てるという面や、特定のメンバーに見せしめ的な体罰を加えることにより、子どもたちに強力な連帯意識や連帯責任意識を背負わせる面がある、という指摘もある。自分も殴られるのではないかという恐怖や、友だちは耐えられたのに自分は耐えられないのではないかという不安を埋め込む。体罰に抗議するとチームを代表して体罰に耐えた友だちを裏切ることになるのではないかという猜疑《さいぎ》心にとらわれる。そして自分も体罰を受け入れなければならないと思ってしまうという連帯心理を生む。それがプレイを強くすることにつながるという考え方だ。はたして、そうなのだろうか。

少なからぬ強豪校で体罰がふるわれているという現実はたしかにある。しかし、のちにふれるように体罰を否定している部活が強豪校であることもままあるし、体罰強豪校がその方針を一八〇度転換し、対話方針に切り替えても強豪の地位を保ち続けているという例もある。

そもそも、体罰による恐怖や身体の痛みだけで、スポーツが上達することはありえないのではないか。体罰依存教員であっても、おそらく練習法や技術の伝え方が優れている面もあるだろう。また体罰教員は常に怒鳴り散らしているわけではなく、先にもふれたように、怒るタイミングとほめるタイミングを、巧みに使い分けているはずだ。そこに、選手自身の身体能力や努力、そのときどきのコンディションやモチベーション、チームワークなど、さまざまな要因が加わって勝敗が決まる。

指導者が殴って「厳しく」指導したらたまたま成績が上がったことで、体罰の効果があったと思い込んでしまっているだけということもあるだろう。

かつて私は練習中に水を飲むなと厳命され、のどの渇きに耐えられずに飲むと体罰を受けた。うさぎ跳びで体育館を何周もさせられた。今は積極的に水分補給を行い、うさぎ跳びや正座は関節を痛めるからトレーニングとしては取り入れられることはなくなった。どんなに悪質な体罰教員であっても、今どきこのような根性論的トレーニングはやっていないはずだ。つまり、体罰という前近代的な暴力が、最新のスポーツ指導と組み合わさって、体罰効果論という幻想が強化されることもあるに違いない。

結局、体罰と勝利の因果関係は検証のしようがないものであり、何がしかの因果関係が存在したとしても、そこには決して依拠すべきではないと私は考える。

## 体罰が選手のモチベーションを引き出すという幻想

選手や子どものモチベーションはどんどん無尽蔵に湧いてくる——長く日本の運動部の指導者たちの間で言われてきたことだ。元陸上選手の為末大氏は、これが運動部の指導における大きな誤りだと指摘している。

体罰で追い立てられている選手はいずれは燃え尽きてしまうが、自分から努力する人は成長が止まらない。強いられて努力する人は自分の大事なものをすり減らしている。忍耐は自分で自分に課してこそ意味があると為末氏は言う。孤高にトップアスリートの道を歩いてきた人ならではの至言だと私は思う。

やらされた努力なのか、自らやった努力なのか。この区別は非常に難しい。指導者が動機づけを与えることで、鼓舞されることもあるだろう。ただ、理不尽な要求や体罰、暴言によってやらされる練習は明らかに「強いてやらせる行為」だ。

桑田真澄氏も桜宮高事件を受けた一連の発言の中で「小学生のとき、グラウンドで監督やコーチに殴られない日はなかった。殴られて愛情を感じたことは一度もない。なぜだろう、おかしいと思ってきた。体罰で力のある選手が野球嫌いになり、やめるのを見てきた。子どもは仕返しをしないから体罰をする。いちばん卑怯《ひきょう》なやり方で、スポーツをする資格はないと思う」と指摘している。

スポーツの目的とは、体を鍛える、健康になる、技を上達させることであり、そして何より、スポーツそのものを楽しむことがモチベーションを高めるということは、世界共通の価値観になっている。

一九九二年のJリーグ発足をきっかけに、学校体育から地域体育へ、精神論的スポーツから年齢や性差を問わず楽しむスポーツへという、ドラスティックな改革の流れが日本でもできてきた。

旧態依然とした学校体育（スポーツ）を改め、スポーツは楽しんでやろうという気運が生まれ、そこに巣くっていた体罰や精神主義をなくしていこうという動きがある一方で、一部では、体罰の「力」を信奉する指導者や保護者が依然として学校体育的なものを守ってきた、いや、そこから抜け出すことができなかった。体罰モチベーション論や精神主義的学校体育は、依然として妖怪のように生き残っている。

先の為末大氏は、コーチや指導者という立場は選手のモチベーションを引き出し、技術をうまく伝える役割を担い、選手はそれを具現化する役割なのだということも指摘している。それはプロレベルだけの話ではなく、学校の部活顧問と生徒（選手）の場合でも同じはずだ。

そのような教える側の立場と教えられる側の立場を子どもに理解させることは、それ自体が有益な教育だと私は思う。互いの「役割」を理解し、依存的ではない人間関係を学ぶ絶好の機会ではないのか。だが、日本の部活指導にたずさわる人々はそのことをほとんどわかっていないというほかない。

## 体罰否定と勝利至上主義は両立するか

桑田真澄氏は、体罰の要因として「勝利ですね。チームが勝ちたい、自分が勝ちたいということですね。たとえばチーム内であれば、後輩をつぶしていかないと自分がレギュラーになれないとか、指導者は優勝しないと周りに対しての示しがつかないとか、クビになるとか。勝利至上主義になってしまっているということですね」と指摘している。桑田氏は「勝利至上主義」を体罰の根源であると指摘しているのだ。

こうした一連の桑田氏の発言が橋下市長の体罰容認論を変えさせた大きな理由の一つになっているわけだが、勝利至上主義も多くのスポーツ関係者が口を揃えるところである。日本女子柔道監督の園田氏らが釈明していたのもこういうことだった。

たしかに勝利至上主義は部活体罰の温床の一つではあると思う。しかし、競技をする以上勝ちたいと思うのは当然のことだ。勝って得られる達成感が教育的であるという言い方ができなくもない。

私はこのことを多くの部活担当者と話し合ってきたが、小学生や中学生レベルだと、勝利を目指すこと抜きにスポーツの楽しさを教えるのは無理だという意見が多い。楽しさとは、勝とうという気持ちの延長線上に生まれてくるという面はたしかにあるだろう。

私は勝利至上主義はとくに捨てる必要はないと思っている。学校の部活単位で参加するたくさんの競技大会があり、その先にプロや社会人スポーツがあるこの日本では、勝利を目指さないのは無理だと私は思う。生徒にしてももっと速く走りたい、遠くへ跳びたい、もっとうまくボールを蹴りたいという欲求が生まれるのは当然だし、それは健全だ。

　だがそこに体罰は必要ない。体罰をともなった極端な勝利至上主義が間違っているのであり、体罰をともなわない勝利至上主義は成立する。勝利を目指すという目的と、体罰否定は両立する。部活体罰は高校で多く見られることから考えると、高校生たちのほうも体罰がなければ強くなれないという幻想にとりつかれているとしか思えない。我慢することで勝てるという幻想を刷り込まれているのだ。そこを打破できるのは、知識と経験と人権意識のそなわった指導者だけである。

## 顧問教員の小帝国と化している運動部

　部活は密室化しやすいという問題もある。各科目の授業については文科省の指導要領もあり、学校でオーソライズされた指針やルールもある。授業自体を公開することもあるので教員の独走には一定の歯止めがかかる。

　しかし運動部の場合は、基本的には一人の顧問教員が長期間にわたって指導することが多いため、子どもたちは顧問のつくったルールに従わざるを得ない。運動部はいわば顧問教員の小帝国化しているのが現状だ。

　とくにクラブが名門、強豪と謳われるようになると、学校の知名度も上がり、入学志望者が増えて学校に経済的な面でも貢献することになる。そうなると顧問教員は完全に「小帝国の独裁者」として君臨することができ、「国内」は治外法権になり、誰も口出しできなくなる。

また「密室」状態は体罰教員の興奮度を上げるという指摘を教員たちから聞いたこともある。監督やコーチは口でこそ愛の鞭だとか、力による指導と言うが、大半は自分の鬱憤《うっぷん》を晴らすためにやっていたり、子どもたちが恐怖で言うことを聞いて立ち回るのを楽しんでいるだけという、体育教員たちの声を聞いたこともある。

強豪校になると学校と距離的に離れた場所にグラウンドや広大な練習場を持つことが多いため、ますます外部の目は届かなくなる。中には、練習風景を保護者にさえ見せない、「鉄のカーテン」を引く指導者さえいる。内部で行われているすさまじい体罰やしごきに対して、保護者からクレームをつけられたり、外へ情報がもれ伝わるのを防ぐためだ。子どもたちには箝口《かんこう》令《れい》がしかれることもある。

このような状況下では、何か問題や事件が起こっても、検証するのは非常に困難だ。外部の目が届かないので、事実をたやすく歪曲できる。密室性の弊害はあまりに大きいのだ。密室化や顧問教員の独裁を防ぐには、活動をオープンにし、教員以外の指導者を入れるといった人的な交流を行うなど、あらゆる努力がなされる必要がある。

一方、親のほうが自ら進んで小帝国化に協力するという現象もある。小帝国の主の教員には、ファンクラブ的な保護者のグループがついていることが多い。保護者たちは差し入れをしたり、ワゴン車やバスの運転、資金カンパなど、「名門」や「強豪」の名を維持するためには献身的な協力を惜しまない。

理由は簡単だ。子どもに活躍してもらっていい成績を出してほしいし、スポーツ推薦をとっていい大学に進学してほしいからだ。仮に、教員が子どもを殴るところを目にしたとしても、それは先生の熱心さの表れだからと黙って見すごされることも少なくない。体罰称賛の考えの保護者なのか、あるいは、うちの子はあれぐらいでは折れたりしないと思っているのか、心中はいかなるものなのだろうか。

## 部活はそもそもスポーツなのか教育なのか

そもそも高校野球をはじめとする学校の運動部の活動はスポーツなのか教育なのか。前に中津商事件についてふれたとき、岐阜県教育委員会がいみじくも言ったように「部活は学校教育の範囲外」で、ゆえに体罰についてもしばりが甘くていいという認識が学校には根強くあった。

それに加え、部活体罰ではスポーツの「練習」の延長のようにして暴力がふるわれることが多い。身体的接触の機会が多いがために、指導者が体罰と指導の違いがわからなくなり、体罰に対するハードルが低くなってしまっているのだ。だから教室内体罰よりも部活内体罰のほうが恒常的で悪質なものが起きやすい。

二〇一三年五月、文科省の有識者会議は、学校の部活の指導で、体罰に当たる許されない行為と、指導として認められる行為の具体例を盛り込んだガイドラインの素案を示した。顧問の教員らによる行為が体罰に当たるかは「子どもの年齢や心身の発達、行われた環境などを総合的に考慮し、個々の事案ごとに判断すべきだ」としている。その上で、殴る、蹴るといった暴力行為は当たり前として、炎天下で水を飲ませずに長時間ランニングさせること、特定の生徒への過度な肉体的、精神的負荷、パワハラと判断される脅し、などを体罰としてあげた。他方、通常の部活指導の範囲内として認められる行為は「安全確保のため、柔道の稽古で初心者に受け身を反復させる」「練習への遅刻を繰り返した生徒を試合に出さずに見学させる」などである。桜宮高事件のケーススタディを意識した内容だ。

この素案を見てもわかるように、部活は通常の授業の延長ととらえるべきなのだ。スポーツには、体力をつくる、情操を育てる、仲間意識を育むなどの効果が大きい。山口香氏が語る、「道」としての柔道であれば、心を鍛え、磨いていくという精神的な効果も大きい。部活とは、このような役割を担う教育行為の一環でなくてはならない。

## 子どもたちはなぜ部活をやめられなくなるのか

部活での体罰が自殺の引き金と考えられるとき、私たち大人は嫌ならどうして部活をやめなかったのだろう、死ぬことを考える前に逃げればよかったのにと考えがちだ。だが、部活はやめる「自由」がない。

もちろん原則的にはあるのだが、やめることを教員が許さない。部活をやめることは、教員からすれば安易に逃げる手段であり、甘え、怠惰としかうつらないことが多い。部活をやめることが、子どもたちにとっては、ほかの進路の主体的な選択であるということを想像できない。

そのために退部する子どもたちを、卑怯者、弱虫、落伍者扱いしてしまう。入ってみて初めてその競技が自分に向いていなかった、ほかの競技がやりたいとわかるということはあって当然である。しかし、卑怯者の烙印を押されたくない。どんなに嫌でもやめられないという意識で、子どもたちは自分を縛るようになってしまう。さらにキャプテンなどの役割を与えられると、ますますがんじがらめになる。

体罰教員は部活をやめると生活が荒れ、服装が乱れ、非行に走ると思っている。たしかに非行少年が厳しい部活を半強制的にやらされることによって「矯正」されていくというエピソードは無数に聞く。

とくに桜宮高のように体育専門の学科に入学してしまうと、運動部の活動が必須になるので、ますます厳しい。大人は、子どもたちが「やめてはいけない」という強烈なプレッシャーに日々、さらされているということを知っておくべきだ。

いじめられることを苦にした自殺についても同じで、部外者である大人は、学校をやめればいい、行くことをやめればいいではないかと言う。しかし、当の子どもたちはそれができない。学校内の同調圧力やら、親に弱い自分をさらしたくない気持ちや、さまざまな思いが交錯して学習性絶望感にも似た精神状態に追いやられているのだ。学校に行くことに価値を置く子どもが減れば、子どもの自殺はもっと減るという主張は日本でももう数十年も前からなされており、学校から「逃げる」という選択はそれなりの市民権を得たとは思うが、現実は大きくは変わっていないと私は思う。

## 変われない、変わりたくない体罰教員たち

体罰に信を置いて生きてきた教員にとっては、体罰のマイナス面が指摘されても聞く耳は持ちたくないというのが本音だろう。批判するやつらは何もわかっちゃいない。子どもたちの日々のリアルと付き合うためには理想論だけではだめなんだ、というのが本音のはずだ。

マスコミや遺族に指弾されればされるほど、変わりたくない、外野からの批判に屈してたまるかという、かたくなな意識も働くようになる。体罰教員に保護者や世論という応援団がいれば、なおさらだ。体罰に関わる裁判や、研究者が体罰教員に対して行ったいくつものアンケートを見ていても、常習的に体罰をふるう教員の自己変革は相当に難しい。

私はあまり悲観論にかたよるのは好きではないが、体罰教員の多くには自己変革能力はないと思う。自発的な心の入れ換えがあることを願っているけれど、外からの力、すなわち遺族やメディアや法律などの外圧によってしか変わることができないのではないだろうか。それはこの二〇〜三〇年の歴史だけを見ても証明されている。

教員同士では体罰について議論をすることはとても少ない。たとえば体罰教員が部活などで成果を上げ、子どもや保護者からの信頼も厚く人気があると、それを批判しても、指導力もないくせにと、一蹴されてしまうからだ。

一度殴って「効果」が出たと思う教員はそれを強調する。本当の「厳しい指導」とは選手や子どもへの要求水準が高いことで、殴ることではない。殴ることで一定の即効性を得て、それを容認し続けているとそれ以外の方法が発達しなくなる。言葉やデータで指導・説得するより先に、手や足が出るようになってしまうのだ。そして、体罰が子どもの命を奪うことにつながるかもしれないという危機感も麻痺していく。

先にふれた豊川工業高校事件の加害体罰教員が師匠と仰いだ教員は、体罰をやめたという。彼は、「今、思うに体罰に教育的効果なんてありません。生徒は殴られたことだけを覚えていますし「殴ったことを後悔しています」と先の地元紙の取材に対して答えている。それまで体罰を加えてきた子どもたちに謝罪するほうが先だと思うが、五〇代になって一八〇度の転向をしたというのだ。そういう教員たちにこそ積極的に発言をしてほしいと私は思う。

## 「一発殴ったほうが早い」という呪縛を解く

私は「脱体罰」教員を何人か取材したことがある。体罰が習慣化すると、度合がひどくなっても鈍感になり、歯止めがきかなくなる。しかし、ある瞬間、これ以上やったら大けがをさせてしまう、殺してしまうと我にかえった、と彼らは語った。そのとき、子どもは体罰の恐怖で萎縮して、自分に従っているだけだということに気がついた、と。その時点ですでに子どもの心を殺しているわけだけれど、ぎりぎりで覚醒をして立ち戻ることができたということになる。

体罰の代わりにとるようになった方針は、チームプレイであれば、なぜミスが起きるのかということを自由に話し合いをさせて、子どもたち自身の意見を引き出すなど、考えてみればごく当たり前の「民主的」な方法である。そこに行き着くまでの道がなんと遠いことか。

体罰の再発防止に影響力があるのは、「脱体罰教員」の経験知だと思う。そういう教員の方々にこそ、なぜ体罰を否定するようになったのかを語ってほしい。そうした懺悔《ざんげ》で過去の「罪」が消えるとは思わないが、悪循環を断っていく効果的な方法の一つであることは間違いない。

いくつかのスポーツ強豪校では、顧問教員と部員たちとの間で毎日交わされる「反省ノート」のようなものがある。毎日練習が終わると、今日の練習でよかったこと、反省したこと、注意されたこと、今後直していきたいことを書いて顧問に提出する。顧問はそれに目を通し、一つ一つコメントをつけて翌朝生徒に返す。生徒はそれを読んでから、また放課後の練習に臨む。いわゆる交換日記だ。生徒各自が考え、自分の言葉で綴る。毎日、全員のノートを丹念に読み、全員のノートに返事を書く指導者の負担は相当なものだろう。

とても面倒で地味な作業だから、最初は生徒たちの不評を買う。練習のあとは疲れているし、そうでなくても「ウザい」と。伝えたいことがあれば口で言ったほうが早いし、スポーツなんだから実際に動いてみせたほうがわかりやすいではないか。

一発ぶん殴ってくれたほうがいいと思う子どもも少なくなかった。学校の現場を二〇年以上にわたり取材し、私が暗澹《あんたん》たる思いになるのは、そういった「くどくど言われるよりも一発殴って終わりにしてくれたほうがいい」という生徒の声だ。それはスポーツの強豪校でよく耳にする。「口で言うより身体で覚えさせたほうが早い」。指導者だけでなく、生徒のほうでもそう考えている。

「反省ノート」を取り入れている学校では、文字で伝えようとしても難しくて、最初は一行も書けない生徒もいた。それでも繰り返していくうちに、だんだん思っていること、感じていることを文字にして説明できるようになってくる。質問の要領もよくなり、技術的な上達も速くなった。

口で言うより身体で覚えさせるほうが早いという指導は、必ず恒常的な体罰につながる。言葉で考えさせて、言葉で反省をさせて、言葉で学ばせる。この実に面倒臭い指導でも、やれば生徒はついてくるはずだ。練習が終わったあと、ノートを開き、ペンを走らせる生徒たちの姿。これこそ「教育」ではないかと私は思う。

# 第五章

# 体罰はどうすればなくせるか

## 発覚しない、しても処分が甘いという歴史

文部科学省の発表により、全国の公立小中高校などで二〇一二年四月から一三年一月末までに起きた体罰の緊急実態調査の結果が判明した。七五二校計八四〇人の教員が体罰をしており、懲戒など処分された教員は六〇四人。例年は四〇〇人前後で、約一・五倍となり一九七七年度の調査開始以来最多となった。そして第二次報告で文科省は、その五倍以上の数を公表、約三〇〇〇校で五〇〇〇人以上の教員が体罰をふるい、被害に遭った子どもの数は一万人以上となった。まだ集計に含まれていない自治体もあるため、その数はさらに増えるだろう。これは体罰が急増したということではなく、これまでの調査がいかに杜撰だったかということの表れにほかならない。

これまで体罰などによりなんらかの処分を受けた教職員のデータは「教育職員に係る懲戒処分等の状況について」と題され、文部科学省によって年に一回集約・公表されてきた。

懲戒処分の方法については地方公務員法で、①免職、②停職、③減給、④戒告の四段階と定められている。体罰が抵触するのは同法三三条の「信用失墜行為の禁止」条項である。

この文科省の統計には四段階の懲戒処分に当たらない「訓告」「諭旨免職」という「処分」も含まれている。訓告とは服務監督権者が口頭で戒める、つまり、校長にただ叱られるような

ものであり、諭旨免職とは自主退職させることで正規の退職金が支払われる。つまり先の緊急調査のデータは、八四〇人のうち六〇四人だけが懲戒を受けたというふうに読まねばならない。

懲戒処分で最も重い免職は読んで字のごとし「懲戒免職」。つまり、クビになる。停職は一定期間職務を停止させられる。減給は減俸。最も軽い戒告とは、地方公務員法によれば「規律違反を確認し、将来を戒める処分」であり、要するに文書等による注意にすぎない。

懲戒処分を下すか下さないか、下す場合は四段階のうちのどれにするか、あるいは懲戒以外の「処分」にするかの判断は、教職員の任命権を持つ、各自治体の教員委員会の事務局内にある教職員の人事担当部署があたる。

懲戒の理由については、①体罰、②無断欠席等の服務違反、③学校等の火災事故、④飲酒の上での事故、⑤児童生徒の学校事故に係わるもの、⑥公費の執行及び手当等の不正な受給に係わるもの、⑦わいせつ行為、⑧同僚又は一般人に対する暴力行為、⑨交通事故の監督責任、⑩その他、に分類されて公表される。

ここ二〇年ほどを見ても目立った増減はない。最新データでは体罰による処分数は増加しているが、そもそも先のデータにあるように、処分以前の問題として、体罰の「認知」が、きわめていいかげんに行われてきたのだし、毎年の処分数のわずかな増減だけを見てどうこう論評するのはあまり意味がないだろう。

体罰教員やわいせつ教員が増加するとメディアはすぐ「教師の質の低下」と騒ぎ出すが、しかし、質の低下を問うことより、実数がきちんと把握されているか、子どもを守るためにふさわしい処分がなされているかの「制度」を問うことのほうが重要ではないだろうか。メディアが教員の資質向上を騒ぎ立てても体罰防止の効力は低いと私は考えている。

さらに問われるべきことは、人数もさることながら、その処分の甘さである。

最新の二〇一一年度分「教職員に係る懲戒処分等の状況について」によれば、四〇四人（一九二人）が体罰により懲戒処分等になっている。内訳は訓告等が二七八人（一八七人）、諭旨免職はゼロなので、七割近くが懲戒ではない「処分」ということになる（カッコ内は当該教職員のほかに監督者が処分を受けた数。以下同）。

そして懲戒処分に当たる停職は二〇人、減給五二人（二人）、戒告五四人（三人）で、免職はゼロなのである。

二〇一〇年度の同データでも三五七人（一三二人）が体罰を事由として懲戒処分等を受けているが、やはり免職はゼロ、停職が一三人、減給が五二人（一人）、戒告が六六人（四人）である。

そして残りの二二六人（一二七人）は訓告等である。繰り返すが「訓告」は懲戒ではない。諭旨免職もゼロだ。つまりは体罰という法令違反を犯しても「懲戒」を受けることはなく、大半は「訓告」という注意で済み、あとはお咎めなしというのが実態なのだ。過去二〇年ほどをさかのぼってみても、体罰による懲戒免職はずっとゼロで、大半が訓告というありさまだ。これでは体罰が重大な法令違反であることを、教員に身をもってわからせることができないのではないか。

ちなみに訓告と諭旨免職は、教職員各々の服務監督権者（教育委員会）による「対応」の一種で、その中身については地方公務員法では明確な規定はない。つまりは服務監督権者の一存、さじ加減一つなのである。

## 最も重い処分でもクビにはならない

先の文科省の緊急全国調査に戻る。調査は、桜宮高事件などを受け、同省が全国の都道府県・市区町村教委を通して、公立小中高校と特別支援学校を対象に実施した。二〇一二年四月から一三年一月末までの集計を第一次報告、私立校を加えた同三月末までを第二次報告とした。合計で三万五七四二校の教員九二万三三二人を対象に調べるという、これまでにない大がかりなものだった。小学校一七九校、中学校三七四校、高校一八六校、特別支援学校一三校で体罰が発生。教員数は小学校一八九人、中学校四一六人、高校二二〇人、特別支援学校一五人。発生率は、場所では高校が、教員では中学校が最高。被害を受けた児童・生徒は計一八九〇人（小

学校三四〇人、中学校九〇五人、高校六二九人、特別支援学校一六人）だった。

体罰の場面は授業中（二六一件）と部活動（二三二件）、場所は運動場・体育館（二八七件）と教室（二六五件）が多く、方法は「素手で殴る」が四七九件で突出。被害状況は「傷害なし」が五六三件で最も多かったが、打撲九九件、外傷六四件、鼓膜損傷三〇件、鼻血二四件、骨折・ねんざなど二三件など負傷者も多く、体罰を受けて過呼吸などになった例もあった。

文科省のウェブサイトで公開されているが、「体罰ワースト自治体」も判明した。都道府県・政令市の計六七自治体別では岐阜県六四件、大阪市五九件、福岡県五二件の順。岩手県・川崎市・相模原市・新潟市・浜松市・岡山市の六県市はゼロだった。しかし、今回は懲戒処分事案など一部事例のみを集計した自治体もあるという。また正直に申告しているところが上位に来ているという可能性もあり、ワースト自治体の公表はあまり意味をなさないだろう。

免職がゼロということは、体罰をふるっても最も重い処分は「停職」ということである。大阪市人事監察委員会から懲戒免職が相当だという意見を付与され（二〇一二年に新たに施行された大阪市職員基本条例は、市職員の懲戒処分を行う際に、人事監察委の意見を聞くことを規定している）、そのとおりの処分が下された桜宮高の小村基氏が、いかに例外的かわかるだろう。ちなみに大阪市職員基本条例では、「常習的に体罰をふるう教員」については免職か停職にすると規定している。

さらにここで重大なのは、「停職処分」という地方公務員法上、二番目に重い懲戒を受けても、学校教育法の失格条項には該当しないということである。

理由は「停職」という懲戒はその字面のとおり、職を停止する懲戒であり、職への復帰を前提とするものだからだ。停職期間があけたのち自校で復帰することも可能だし、他校へ異動して教鞭をとることに関して法律的にはなんの問題もない。教職から追放される懲戒は「免職」しかない。

停職処分を受ける体罰には、暴行・傷害事件としては相当に重いものも含まれている。体罰なのだから明らかに故意でふるったものであるし、刑事事件化されたものも含まれている。

私が過去に取材した「体罰致死」事件を引き起こした教員は、間を置かずに懲戒免職となったが、それは被害者が明らかに教員の暴力が原因で死亡するという重大な刑事事件だったからだろう。小村氏のケースは、生徒が亡くなったあと、メディアで追及され、外部監査チームが入ったという「特殊」な展開があったからこその懲戒としか言いようがない。二〇一二年に新設された市職員基本条例の影響もあったと思う。どちらにせよ過去の処分例とかなりの不均衡がある。

小村氏については、遺族の父親の告訴を受けて警察が捜査をし、傷害と暴行の両容疑で大阪地検に書類送検した。府警は起訴を求める「厳重処分」の意見をつけたものの、結局起訴は見送られた。とすれば、いったい免職と停職の違いはなんなのだろうか。どの程度の体罰をふるったから停職になるとか、免職になるという物差しはないのである。この点について関係者に取材したことがあるが、明確で合理的なラインはなく、要は教育委員会のファジーな裁定一つなのである。

自治体によっては「わいせつ」事件に関わった教員は例外なく懲戒免職にすることを決めているところもあるし、飲酒運転に対しても厳罰でのぞんでいるところもある。これに対して、体罰に関しては、メディアを騒がせた教員だけを、まるでとかげの尻尾きりのように処分して済ませていく面がある。こういった体質も体罰を温存させている大きな要因だ。

前にふれたが、陸上部員への暴力を理由に停職四カ月の懲戒処分を受けた愛知県立豊川工高陸上部の渡辺正昭教諭は隣接地域の高校に異動となったが、「一身上の都合」により退職した。そうやって社会的に制裁を受け、自ら辞していくパターンのほうが、教員の世界では「一般的」なのかもしれない。それしても、氏の今の心中はいかなるものか。自分が信じてやってきた「教育」が無に帰してしまったのだから。哀れに思う。

## 処分されるか否かは教育委員会のさじ加減一つ

宮城県の県立高校に勤務する三〇代の男性教諭が、二〇一一二年八月までの二年間に二度にわたり、男子生徒を殴る・蹴るなどして二人に骨折などのけがをさせながら、県教委が「いずれも軽傷で反復性がない」として、懲戒処分ではない訓告処分にとどめていたことが判明した。ここまで述べてきたように、「教育界」の常識からすればごくごく当たり前の処分なのだが、宮城県教委は、体罰事件の場合、生徒にけががない軽い場合でも、過去に体罰で措置処分（訓告、文書厳重注意、注意）を受けていたり、反復性が認められたりする場合には懲戒処分（免職、停職、減給、戒告）にすることを原則としている。しかし県教委は二回目の体罰についても訓告にとどめた。

報道を総合すると、教員は二〇一〇年九月、高校の授業中に寝ていた当時二年生の男子生徒二人の左頬などを叩き、うち一人の鼓膜が破れた。もう一人にけがはなかった。報告を受けた県教委はこの事案について訓告処分としたのである。さらに教諭は一二年八月、県外への宿泊を伴う研修旅行中に、朝の集合時間に遅れた当時一年生の男子生徒三人を蹴り、うち一人が左腕手首を剥離《はくり》骨折した。残り二人にけがはなかった。県教委は二生徒からの聞き取りに基づき「軽傷」と判断したという。教諭は県教委の調査に対し「また体罰を行い未熟だと思っている。二度と行わない」と答えたという。

実はこの教員は、千葉県内の前任校でも暴力を繰り返し、二〇〇二年三月、停職一カ月の処分を受け、傷害容疑で書類送検されていた。いったん退職後、宮城県教育委員会に採用されていたのである。宮城県教委は前任校での全国高校総体三連覇の実績を評価して採用したわけだが、暴力は把握していなかったという。処分の甘さに加え、教員の前歴についてのチェックの甘さも目を覆うものがある。また、ここでもスポーツ強豪校と体罰の関係が明らかになってて驚くばかりだが、懲戒処分に明確なルールがないだけでなく、自治体によって扱いの差が大きいのもおわかりいただけるだろう。

かつて私が取材したケースでは、ある公立中学校で二五歳の体育教員が生徒の頬を平手打ちし、即、解雇となったことがある。平手打ちしたのは、この生徒が授業を抜け出して遊んでいたからである。すぐに解雇処分となったのは、半年前にも別の生徒を殴るという体罰事件を起こしていたためだ。

一度目の暴行のときは生徒が倒れるまで何度も殴り、生徒は後頭部を縫合手術している。しかし、このときは、校長が叱るだけの「訓告」処分で済ませている。教育委員会は解雇にあたって、「これ以上教壇に立ってほしくない」としていたが、解雇となったのは彼が非常勤という立場だったからだろう。これが正規の教職員であればそうならなかった可能性が高い。

体罰教員に対する処分に「諭旨免職」が散見されるのは、問題が大きくなる前に、自主退職させてしまうケースが多いからだと考えられる。諭旨免職であれば退職金が出るため、教員側もさっさと応じるのである。

学校教育法第九条は教員の欠格事由について、「禁錮《きんこ》以上の刑に処せられた者」「日本国憲法施行の日以後において、日本国憲法又はその下に成立した政府を暴力で破壊することを主張する政党その他の団体を結成し、又これに加入した者」と定めている。すなわち、暴行罪に当たるような体罰でも、停職などの行政処分だけで済んでしまうことのほうが多く、まれに刑事手続きには乗っても書類送検や、せいぜい罰金刑で終わってしまうケースが大半だ。禁錮以上の刑には、まずならない。

桜宮高の顧問が懲戒免職になったのは地方公務員法の「信用失墜行為の禁止」条項に抵触したという理由である。体罰はれっきとした法令違反なのだから、刑事罰を問わないにしても、地方公務員法に反すると解することができる。それはすなわち職務義務違反や法令違反、非行等と同列なのだから、懲戒対象になってしかるべきなのだが、大半は懲戒以下の訓告等の処分で済まされてきた。

先にもふれたが、地方公務員法の「信用失墜行為」に当たるかどうかは任命権者（教育委員会）の裁量に任せられており、なおかつ同法には「処分できる」と書いてあるだけで「処分しなければならない」とは書いていない。こうしたザル法的な部分を改正し、厳正に運用することも、体罰をなくしていくための重要な処方箋だろう。

先に紹介した法務局の人権侵犯事例としても記録されている加賀屋中学の教員は、体罰常習者であり、明らかに「信用失墜行為」なのだが、停職で済んでいる。どんな体罰が「信用失墜行為」に当たるのか、明確かつ統一的な線引きがない事態が長年続いてきたのである。

もし桜宮高の顧問教員が、任命権者である教育委員会に、過去の処分例と比較して著しく不公平であると不服を申し立て、身分保全を主張し、裁判まで起こしたらどうなるのだろうかと私は考えてしまう。

また、あまり知られていないことだが、公務員には「官吏又は公吏がその職務を行うことにより犯罪があると思料するときは告発しなければならない」という犯罪告発が義務づけられている。刑事訴訟法では「告発することができる」と公務員以外には自由意思が認められているが、公務員は違う。この告発義務についてはいろいろな解釈があるが、学校内で暴行・傷害の犯罪の類があれば、捜査機関に通報するのは公務員の義務なのだ。手のつけられない子どもの暴力にはときに警察の協力を仰ぐ一方で（私はこれには賛成である）、教員の暴行傷害には目をつぶる。体罰の現状を見るにつけ、私は体罰教員が校内で、通報を受けて急行した警察官に緊急逮捕される光景が繰り広げられてもまったく不思議でないと思うのだが。

## 体罰教員の氏名はなぜ公開されないのか

文科省が公表する「教職員に係る懲戒処分等の状況について」には、たとえば懲戒事由が体罰の場合、都道府県名、懲戒処分の日付、体罰が発生した場所、けがの状況、体罰の方法がごくごく簡単にしか記されていない。発生した場所というのも「授業中」「体育館」といったざっくりとした記述である。学校名、教員名をはじめ、いかなる体罰がいかなる状況で発生したのか、また、体罰を受けた生徒がどうなったのか、刑事事件にでもならない限り一切公表されない。

桜宮高事件や豊川工業高事件の加害教員は実名がメディアに公表されているが、これは社会公益上、実名としたほうがいいとメディアが判断したからだ。本書でも両名は実名で書き進めている。

わいせつ事件などで逮捕された教員もメディアではほぼ実名報道されるが、文科省のデータではそちらも匿名である。事案の多くが自校の生徒を性暴力の対象にしているのにどうして実名を公開しないのだろうか。子どもの安全を考えれば、実名公表は当然だと私は思う。

これらは教職員の個人情報保護等を理由にしているのだが、少なくとも現制度上で「停職」以上となった体罰教員や性暴力教員の実名、そして起きた状況、被害者への対応などを文科省は率先して公開するべきである。

子どもや保護者には、通っている学校に体罰教員がいるかどうかを知る権利があると考えるからだし、体罰防止の効果も期待できるからだ。自治体レベルでは、鳥取と兵庫などごく少数ではあるが、体罰教職員の名前を情報公開の対象にしているところもある。京都府の情報公開審査会は、「体罰は公務員の公務遂行の過程で発生しているから公開すべきだ」との答申を出してもいる。

二〇〇七年には「体罰報告書」の情報開示を命じる判決が最高裁第一小法廷で確定している。馬場健一・神戸大学教授が、公立学校での体罰発生報告書など関連資料の開示を求めた際、兵庫県教委が「教職員のプライバシー」などを理由として加害教師の氏名や所属学校名など大半を非開示にした決定について訴えた訴訟の結果だ。

その訴訟で二審の大阪高裁は、公立学校での「体罰」は公務員の職務上の不法行為であり、プライバシーという見解は当たらないとし、被害生徒と家族、通報者などの個人情報をのぞいて、事件内容、教師・学校名、事件への対応についての情報はすべて公開せよという判決を下し、これが確定したのである。判決確定からすでにかなりの時間が経過しているが、実名公表についての文科省の対応は遅すぎる。

これまで再三指摘してきたとおり、教員が生徒に対して暴力をふるっても、それが体罰に当たるかどうかという判断、処分するに値するかどうかという判断、どういう処分にするかという判断、このすべてが学校と教育委員会という「密室」の中だけで、さじ加減一つで決められてしまっている。これも体罰がなくならない大きな理由の一つである。実名だけでなく、事件が起きた状況もできるだけ詳しく公表されなければ、処分が妥当だったのかどうか、第三者による検証のしようもない。

これは加害教員とされた教員側にとっても重要である。クレイマー的保護者に濡れ衣を着せられたような体罰事例もあるかもしれない。そうしたときにその教員の処分の取り消しや、名誉の保全をするためにも情報公開は必要なのだ。公務員は、地方公務員法上の懲戒免職を受けた場合、行政訴訟により、処分取消の訴え及び執行停止を求めることができる。それが認められた場合も詳細に情報公開がなされるべきである。なぜ間違った処分＝冤罪が下されたのかを検証することが重要であることは言うまでもない。

## 体罰の温床となってきた名門体育大学

年間三〇〇人もの体育教員を送り出している日本体育大学（以下日体大）のウェブサイトで、学長名でこんな宣言がアップされた。

「日本体育大学は、ここにあらためて反体罰・反暴力を宣言します。教育活動及びスポーツ指導活動においていかなる事情があろうとも体罰・パワーハラスメント等の暴力についてはこれを排除します」

体罰事件の現場を取材してきて、多くの遺族や被害者が、体罰志向の教員には日体大出身者が多いと指摘するのを聞いてきた。母数が多いから当然だろうと考えるのか、日体大にそのような体質があると考えるべきなのか。

桜宮高事件のバスケットボール部顧問の小村氏も、豊川工業高校の渡辺氏も日体大出身だ。桜宮高事件をきっかけに行われた内部調査で、日体大では体罰が常態化していることが判明した。日体大は言うまでもなく、オリンピック選手やプロスポーツ選手を数多く輩出する名門大学である。そのような名門校が体罰の温床となり、日常的に体罰によって指導されていた学生が教員になり、自らも体罰によって子どもを指導するという連鎖を生んできた責任はきわめて重いのではないか。

四年前のアンケートデータになるが、日体大の「学生生活実態調査委員会」（二〇〇九年実施）という、教授等で構成する組織による内部調査の結果を見て、さもありなん、と思った。七四六件もの体罰が報告されている。抜粋を紹介する。

「依然として七四六件という体罰が報告された。体罰を受けた対象として最も多かったのは『在校生の先輩』の三六〇件で、体罰の四八・三％を占めている。後輩への指導方法にさらなる工夫と改善が必要であろう。学科別では武道学科が一三六件と前回調査より減ってはいるが、依然として、他の学科に比べて高い数値を示している」

そのアンケートデータには、教職員による体罰は一三〇件（男一〇六、女二四）、在校生によるものが三六〇件（男三三三件、女二七件）で、卒業生などからも受けたことが報告されているという。体罰を受けたことがあるのは四〇〇一名のうち一五・七％で、柔道・剣道などの武道学科はそのうちの一八・八％だった。

またハラスメントについても質問がある。三〇・二％がなんらかのハラスメントを受けたことがあると回答したという。そのうちセクハラは九七件で、パワハラは五〇九件。いじめや差別を受けたことがあると回答した者も七〇二人いた。

このアンケートは、一九九〇年、九八年、二〇〇四年にも行われている。〇四年の調査でも三一五件の体罰が報告されていて「かなりの多さであり、今後の改革が必要だろう」と指摘されていたのだが、〇九年の調査では倍以上になっている。

日体大の谷釜了正学長は反体罰宣言について語っている記事（朝日新聞二〇一三年三月一日付）の中で、なぜ教育現場に体罰が根付いてしまったのか、専門のスポーツ史の観点から、次のように述べている。

「1886（明治19）年に森有礼《もりありのり》文相によって学校令が発せられ、現在の中学校にあたる高等小学校の教材として『隊列運動』が採用されます。この教科を担った退役軍人が、軍隊的規律に従うことを求めるようになったことが、体罰の是認に向かったと考えています。また、今の高校にあたる中等学校では寄宿舎に軍の規律が入りました。運動部の学生は寄宿舎で生活することが多かったため、いわれのない暴力がはびこっていったのかもしれません」。つまり、体罰の源流は軍国主義の軍隊であり、その発想から戦後六〇年以上経った今も抜け出せていないということだ。

学長は、「戦後になっても体罰がなくならないのは？」という質問に対しては、「運動部が体罰の温床のように言われるのは、先輩と後輩の関係の中で、体罰と称する暴力が伝統として残っているからでしょう。また体罰に頼る指導者に教えられ、成功体験を得て自分も指導者になった人もいる。この体質にメスを入れないと。指導者としては、自らが体罰をしないことはもちろんですが、学生の練習以外の生活にまで目を光らせることが大切だと思います」と語り、体罰＝暴力の循環と連鎖を指摘している。桑田真澄氏のように殴られたことで体罰禁止論者になるスポーツ指導者や教員は少数派だろうから、暴力の連鎖をどう断ち切るかということを意識的に行う必要があるのだろう。

朝日新聞社が行った三大学の運動部所属学生五一〇人へのアンケートによると、約三割が体罰を受けた経験があり、約六割が体罰を容認するという結果が出た（二〇一三年五月一二日付）。これも負の連鎖だろう。

## ショック療法の役割は果たした橋下市長の荒療治

　橋下徹大阪市長は高校では強豪ラグビー部に属していて、かつては「少々の体罰は必要だ」という論を張っていたが、桜宮高事件で自殺した男子生徒の遺族と邂逅《かいこう》したことや、元プロ野球選手の桑田真澄氏の反体罰論にふれたことで、自分は間違っていたとあっという間の「転向」をしてみせた。

　同時に桜宮高の体育系二科の廃止（募集停止）や教員の総入れ替えなど、荒療治の方針を打ち出した。市長権限である予算の執行をしないということまでちらつかせて市教育委員会に入試の中止を要請するという、合法的ではあるがこれまでにどの首長も使ったことがない「上」からの大鉈《おおなた》をふるった。

　教育委員会の、市長など「一般行政機関」からの独立性ということを考えると、事件報道の威を借りて教育委員会を事実上コントロールしたという方法を批判する声も多かった。教育委員会は政治の介入を受けずに方針決定をする権限を持っている。教育委員会の側も、まさか予算執行権という首根っこを押さえつけられるとは思ってもみなかっただろう。

　この荒療治をどう評価するべきか。子どもの進路を選ぶ権利を奪うものであるという批判も多かった。私もまずやるべきは事実の徹底調査であると思ったが、しかし、過去の二〇〜三〇年間に起きた体罰死事件や学校・教育委員会の対応を鑑みれば、体罰は禁止されているのだということを伝える、ショック療法としての役割は果たしたのではないかと思っている。体罰事件が起きたところは自浄能力がないから解体してしまえという考え方は乱暴に思われるかもしれないが、それぐらいのことをしないと喉元すぎればなんとやらで、桜宮高もすぐに元に戻ってしまっていただろう。

橋下市長の「方針」を受けて、教育委員会は体育科の入試を中止し、代わりに普通科へ振り替えるとの決定を下した。もっとも、「新普通科」の入試要項やカリキュラムの中身はこれまでの体育科と大差はなく、急ごしらえでつくられたことが一目でわかる。スポーツに関係のある独自のカリキュラムが用意されてはいるというが、その新しいカリキュラムを見ると「看板の掛け替えにすぎない」と批判する声も少なくなかったのも理解できる。そもそも橋下市長は、体罰を容認する校風が改まるまで体育科に新入生を迎えてはならないと主張していた。そこで教育委員会は、これ以上橋下市長の怒りを買わないために、体育科は廃止するが入試は続行するという折衷案をとり、橋下市長もこれを了承したというわけである。

また、当初橋下市長がのぞんだ全教職員の入れ替えも現実的には困難であり、校長の更迭と「桜宮高校学校改革担当」として女子バレーボール全日本チーム元監督の柳本晶一氏を選任するという処置がとられた。といっても教育委員会総務部の職へ移ったことが更迭に当たるのかどうかは疑問である。

教育委員会廃止論者の橋下市長が、教育委員会を締め上げたのを世間に見せつけたところで、手打ちをしたということだろう。はたして桜宮高をはじめ大阪の学校全体で、二度と体罰が起きなくなるような体制をつくることができるのか。教員たちの意識改革がはかれるか。これを見届ける仕組みをつくらなければ、荒療治の意味もなく、人気とりの政治的パフォーマンスと受け取られても仕方がないだろう。

## 馴れ合い・保身を避けられない、教育委員会の制度的限界

事件の前には必ずいくつもの前兆がある。体罰によって子どもが亡くなってしまった事件では、実は多くの生徒や保護者が以前から体罰があることを知っている場合が大半だ。教育委員会もそういった情報を暗に知っていながら、「正式」な情報として吸い上げてからでないと、あるいは最悪の事態を招いてからでないと動き出さない。情報の断片を聞きつけた段階で調査を開始することはまずもってない。

先に述べた愛知・豊川工業高校の例がその典型だろう。豊川工では二人の陸上部員が転校や退学に追い込まれるほどの体罰を受けたことを把握しながら、愛知県教育委員会の「体罰報告義務規程」を無視してその事実を握りつぶしていた。その後、保護者から体罰が行われていることを指摘された際も、学校側は生徒への聞き取り調査すらしていなかった。そして顧問の教諭が主将を務める生徒をデッキブラシで殴り、頭を縫うほどの大けがを負わせても、県教委は

「公表基準に達していない」として公表していなかった。

教育委員会は、議会の承認を経て首長が任命をする教育委員によって構成され、その中から教育委員長が選ばれる。もっとも、実質的には教育委員会の事務局組織（トップは教育長）が実務を仕切り、人事や予算配分、学校の運営や管理まですべてを担っている。

いじめ自殺や体罰が関連したと思われる自殺が起きた場合、経過を記録したり、当事者との折衝を行うのも、被害者側の「窓口」となるのも、担当部署はとくに決まっておらず、そのときどきで教育委員会の事務局のどこかの部署が扱う。担当が決まらずたらい回しにされるケースも少なくない。法律的な手続きについての知識に乏しく、それが遺族や被害者の心情を逆なでしたり、交渉をこじらせたりする原因にもなっている。私立学校で起きた事案については認可を担当するのが知事部局であるため、公立学校のそれよりも、もっと対応する窓口がはっきりしていない。

本来であれば、こういった事件や事故には、教育委員会の中核をなす指導主事らが直接、責任を持って対応するべきだと思うのだが、事件や事故対応の職務は多岐にわたる上、彼らは人権や法律に関わる事案を調査する専門性を持ち合わせているわけではない。桜宮高事件で校長に小村教諭からの事情聴取を指示したのは大阪市教委の高校教育を担当する指導主事だが、指導主事は教員出身かつ一種の出世コースなので、同じ釜の飯を食う者同士の馴れ合いが生まれるのは必然である。

教員の処分を担当する人事主事については、馴れ合いを防ぐために教員以外の行政職をつけることが多いというが、事実上チェック機能は働いていないようだ。そもそも事務局組織のトップである教育長も、都道府県教育委員会では半分以上が教員出身、市町村教育委員会ではそれ以上が教員出身であるとされる。つまり教育委員会の事務局全体が学校現場と地続きになっているわけだから、身内に甘い馴れ合い体質が蔓延するのは当たり前と言えないか。さらに言うと、教育委員会の権限は、教育委員会規則などを通じて、事実上、教育長をトップとする教育委員会事務局に集中している。そのため、教育委員たちは、ルーティンな仕事をするしかなく、創意工夫を発揮することができないという現状も指摘しておかねばならないだろう。

また教育委員長や教育委員は、制度上は教育方針等を決定する大きな権限を与えられてはいるが、個別の問題や「紛争」事案、たとえば体罰事件が起きた場合に、調査に乗り出したり、学校と被害者との調整をしたりするといった役割は担っていない。

教育委員会に専門的な知識や経験を積んだ「紛争」対応窓口がないことの問題点は、これまでにも指摘してきた。第二章でふれた山田恭平君自殺事件は県教委の健康学習課が担当し、文書開示について間違った情報を母である山田優美子さんに伝えただけでなく、匿名の調査委員会を立ち上げて開き直った。今山田恭平君の遺族は愛知県知事直轄の新しい、匿名ではない調査委員会での聞き取りを受けている最中である。県知事が教育委員会の姿勢に業を煮やした恰好になったと言える。

なぜこのような体制になっているのか。一つには、教育委員会事務局の組織が保守的で長い間改編されておらず、昨今の問題に対応できる体制になっていないからだ。古い皮袋のままなので、デリケートな子どもの問題に向き合えない。その上、繰り返すが教育委員会事務局の大半が教員で占められている。「同じ村」の者ばかりで組織されているために、「村」を保守する意識が前面に出てしまうということがある。

内海平君事件の例でも象徴的なのだが、とりわけ大都市以外の教育の世界は村社会でかつ、狭い地域で当事者同士が知り合いということが少なくない。被害者家族と、学校の誰かが縁戚関係にあったり、教育委員会と警察が親しかったり、つまりコネ社会が教育界の「和」を担保してきた。だから、たとえば地域の有力者の子弟がいじめの加害者側だったりした場合、「鎮静化」させることに共同体が動機づけられ、火消しに躍起になるという構造が生まれてしまう。被害者側が民事訴訟を起こそうとすると、行政側は裁判を有利にするため、加害者側とされる人々と一体となって不利な情報を隠蔽しようとする。そして、教員の嘆願署名市民運動に名を借りたデマの流布すら起きる。

裁判が始まると、「裁判中なので答えられない」という言い方で、情報はより隠蔽される。

地域主権というと聞こえがいいのだが、「地域ボス」のような人々が主導権を握ると往々にしてそういうことになる。地域の中で、利害関係者たちが、非常にナーバスな問題を客観的に扱うことはどだい無理なのだ。

山田恭平君の事件では、学校長が、事実関係もまだわからないうちに、恭平君の兄の大学進学に口利きをするということで個人的に山田家を訪れたことがあった。校長はそういう意図はなかったと地元メディアに対して憤慨したコメントを出しているが、当事者を利害関係の中に取り込むネゴシエーションをするような「感覚」は、地域教育界の中では常識的だったということだ。内々でことをおさめようとする力学が個人にも組織にも働くのである。

そもそも教育委員会というものは戦後、アメリカから入ってきた制度で、かつては教育委員、教育委員長は公選制で選ばれていた。その後特定の政治イデオロギーが入り込んで教育行政が左翼化することが懸念され、公選制はつぶされていく。東京・中野区のように準公選制で教育委員を選ぶことを継続した自治体もあったが、それも廃止された。したがって、教育委員会は、事実上は文科省の下部組織になっている（教育委員会が首長からの独立性を持っているがゆえに、文科省の直轄型になっているという「ねじれ」もある）。それを本来の形に戻すのであれば、公選制に戻すという議論があってしかるべきだが、それを仮に実現させても、子どもの死の問題などに真摯に向かい合う組織改革にはつながらないと私は思っている。

文部科学省がいじめ事件で大津教育委員会に対して聞き取り調査を行ったのは、そうした能力のなさに辟易《へきえき》したからだろうし、県警が捜査令状をとって学校に家宅捜索に入るという異例の事態も、警察のいらだちの表れだろう。大津のいじめ自殺事件に対応した第三者委員会、桜宮高事件についての外部監察チームも、教育委員会は無能であるとの認識が社会にあったがゆえに設置されたものだと私は思う。教育委員会は物事を内々に処理することには長《た》けているけれど、リーガルに処理・対応しなければならないときは何もできないに等しい。

## 強い権限を持つ第三者機関を設置すべき

文科省の二〇一三年三月通知には、「教育委員会は、校長に対し、体罰を把握した場合には教育委員会に直ちに報告するよう求めるとともに、日頃から、主体的な体罰の実態把握に努め、体罰と疑われる事案があった場合には、関係した教員等からの聞き取りのみならず、児童生徒や保護者からの聞き取りや、必要に応じて第三者の協力を得るなど、事実関係の正確な把握に努めることが必要である」と書いてあるが、教育委員会に厳正かつ公平な調査機能が備わっていなければ意味がない。文科省は教育委員会のそれに期待するのはやめるべきである。

私は子どもの人権を総合的に扱う国家機関としての省庁を置くのが望ましいと考えているが、まずは教育委員会という「村」で「子どもの死」や「いじめ」や体罰の事案等を扱うのではなく、大津いじめ自殺事件の第三者委員会や、桜宮高監察チームのように、外部から法律や事実調査、心理問題の専門家を招いて調査にあたるべきだろう。できるならば、臨時ではなくそのような第三者委員会を常設するのがのぞましい（文科省の専門家会議は、いじめや体罰が関係したと思われる子どもの自殺が起きたケースに対応する調査委員会を、都道府県に常設する検討を始めている）。

札幌市は二〇〇四年、「札幌市立学校体罰事故調査委員会」という体罰に特化した事故調査委員会の制度を発足させた。校長会が推薦する者、ＰＴＡ協議会が推薦する者、そして第三者委員によって構成され、学校において体罰事故が発生した場合は、この体罰事故調査委員会の立ち会いの下で教員、子ども、保護者など関係者から事情を聞くことになっている。従来の制度では校長の責任において聞き取り調査をしていたが、それを体罰事故調査委員会が行うのである。同委員会には体罰の起きた状況、事故後の状況、その教員に体罰の前歴があるかどうか、教員の性格、能力、服務状況などに加え、事故の原因、事故についてどのような防止策がとられたのかを報告書にすることが義務づけられている。

この体罰事故調査委員会の制度は体罰の問題に対して状況をどのように聴取して記録していけばいいかという経験の蓄積にもなるだろう。ＰＴＡ協議会が推薦する者と第三者が調査にあたることで、かつてよりは調査の透明性は確保できる。密室での調査ではなくなるのだ。

もっとも第三者委員会ができることはあくまでスタートにすぎない。大津いじめ自殺事件の第三者委員会や山田恭平君事件の調査委員会も、実際の聞き取りはかなり難航した。調査委員会メンバー以外の実動隊、つまり当事者の子どもや保護者からヒアリングを行う調査員が協力拒否に遭う事態は、このような調査につきものだ。ケースによっては、委員会そのものを敵対視して、邪魔をしてくる子どもや保護者もいる。子どもの「死」をめぐり事実を探していく作業とはそういうものなのだ。誰もが納得する答えはおそらくなく、憎悪や絶望や憤怒といった感情が複雑に絡み合う渦の中にのみこまれていく。子どもの自殺を調査するとは、そのような、多大なエネルギーを必要とする行為なのだということを私たちは忘れてはならない。

## 教育委員会への政治介入は解決策にならない

大阪市では、大津いじめ自殺事件や桜宮高事件などを受けて、いじめや体罰など、学校で問題が起こった際の市長の調査権を明文化した条例が二〇一三年三月一日に市議会で可決、成立した。学校現場の問題について、これまでも地方自治法内で市長権限による調査は可能だったのだが、桜宮高事件をきっかけに、橋下徹市長が条例化を目指したのである。

条例では、市長から独立した教育委員会などの機関で問題が起こった際、市長が自ら調査したり、専門委員に調査を委託したりすることができると定められている。調査条件は「生命保護のため事実関係を明らかにする必要がある」ときと「法令違反の恐れがあり、住民福祉を確保する必要がある」ケースに限定されている。

地方自治法上の市長による調査権限は、その範囲が具体的ではなかった。これに対し、今回の条例では、独立した人事権を持つ教育委員会に対し、協力義務をともなった調査権を市長が行使できることを明記したのがポイントだ。教委のほか、市長部局に属さない交通局、水道局なども対象になると言われている。これは教育委員会解体論者であり、交通局や水道局を労組権力の中枢としてターゲットにする橋下氏の政治的作戦とも言える。

そして、安倍二次内閣になってから、教育長は首長の任命制とする方向性が打ち出された。これからは首長の意思がダイレクトに教育長に反映されるようになり、教育委員会の独立性が相当薄くなっていくだろう。教育委員会は今後、自分たちからよほどドラスティックな改革を打ち出していかない限り、政治の力にますますとらわれるだけになる。「政治直轄型教育長」が生まれるだけなら、単に政治が教育に介入しやすくなったと批判を浴びるだけである。デリケートな子どもの命をめぐる問題を解決する道筋になるとは思えない。

## 学校事故調査に「親の知る権利」を位置づけよ

私がこれまで取材してきた、いじめや学校事故で子どもを亡くした遺族たちは、一〇年以上にわたり、保護者が子どもの死の背景や原因に関する事実を少しでも知ることができるように、文科省に働きかけてきた。「親の知る権利」を制度上の手続きとして認めるように求めてきたのである。

たとえば遺族たちは、子どもの自殺があったときには三日以内にほかの子どもたちからの聞き取り調査を実施すること、調査の内容を遺族や学校関係者らの当事者間で共有すること、事故報告書に遺族の意見を記入できる欄を設けること、あらゆる調査に遺族の意見を反映させることなどを求めてきた。先述した文科省が出している学校事故調査についての指針には、「迅速な聞き取り調査」という文言が盛り込まれているから遺族の求めに応えたと言えないこともないが、三日以内ではなく、あくまでも「迅速な」という表現にとどまっている。

文科省は、事故報告書は第一義的には学校が判断してつくるものであるという認識に立っている。遺族や家族の意見も聞きながら事実の把握をするべきだとも考えてはいるようだが、そのためにどうしたらいいのかという具体的な指示は出していない。事実をどう調査し、どう判断し、どう記録するか、決めるのは学校であるという前提を崩さない限りは、事故報告書は遺族の与《あずか》り知らぬところでつくられ、教育委員会に提出され、「公文書」化されてしまう。そのプロセスに、被害者側のチェック機能を入れることを指針として明記するだけでも、遺族たちの思いに少しでも応えることになると思うのだがどうだろうか。

さらに、多くの遺族に立ちはだかる壁として、事故報告書を見るには、条例による開示請求をしなければならないという問題がある。しかもそうやって手にした報告書は、個人情報条例を楯に、墨塗りだらけになっている。

文科省の指針にも「書類の作成・取り扱いに当たっては、個人情報保護の観点から、都道府県・市町村名・学校名、児童生徒の名前など、個人及び個別事案が特定されることのないようご留意願います」という記述があり、それが墨塗りの根拠になっている。

しかし、先にふれたように、開示請求がなくとも遺族に事故報告書を見せる自治体もあるわけで、むしろ各自治体はそれに倣うべきだという国の意思を見せるべきではないだろうか。

文科省は、命を落とした子どもやその遺族の立場に立ち、遺族への開示については積極的な開示をうながすべきではないか。

遺族が開示請求の墨塗り部分を、幾度にもわたる法的手続きや、訴訟によってしか知ることができないのはどう考えても理不尽である。

これも先述したが、事故報告書や関連資料を開示し、そこに間違った事実があった場合、それを訂正するためにはわざわざ条例にのっとって不服申し立てを行い、訂正請求をしなければならない。それが通らなければ、情報公開条例上設置されている附属機関である審査会に不服審査を申し立てるしかない。

提出された事故報告書に記載されたことが事実なのか、あるいは事実の解釈の仕方を両論併記するべきなのか等をチェックするシステムがない。記録を学校長が作成・提出し、教育委員会が受理する過程で、恣意的に報告書をつくる側に都合のよい公文書が提出されても、誰にもペナルティが科せられることもない。これも先述したが、兵庫県たつの市の内海平君の事故報告書についての誤りを、一九年間も訂正しなかった責任は、学校も教育委員会もとっていないのである。

## 文科省が通知した「体罰か否か」の具体的基準

二〇一三年三月一三日、文部科学省は一連の体罰事件を受けて通知「体罰の禁止及び児童生徒理解に基づく指導の徹底について」を出した。すでにふれたように、大枠としては過去の同様の通知などと大きな違いはない。

しかし過去のものと比べて、具体性は増している。

体罰に当たる具体例としては、「体育の授業中、危険な行為をした児童の背中を足で踏みつける」「帰りの会で足をぶらぶらさせて座り、前の席の児童に足を当てた児童を、突き飛ばして転倒させる」「授業態度について指導したが反抗的な言動をした複数の生徒らの頬を平手打ちする」「立ち歩きの多い生徒を叱ったが聞かず、席につかないため、頬をつねって席につかせる」「生徒指導に応じず、下校しようとしている生徒の腕を引いたところ、生徒が腕を振り払ったため、当該生徒の頭を平手で叩く」「給食の時間、ふざけていた生徒に対し、口頭で注意したが聞かなかったため、持っていたボールペンを投げつけ、生徒に当てる」「部活動顧問の指示に従わず、ユニフォームの片づけが不十分であったため、当該生徒の頬を殴打する」などの行為があげられている。踏みつける、突き飛ばす、平手打ちする、つねる、ものを投げつける、殴打するのは体罰であるという規定である。

さらに「殴る・蹴る」以外の、「被罰者に肉体的苦痛」を与える具体例としては、「放課後に児童を教室に残留させ、児童がトイレに行きたいと訴えたが、一切、室外に出ることを許さない」「別室指導のため、給食の時間を含めて生徒を長く別室に留め置き、一切室外に出ることを許さない」「宿題を忘れた児童に対して、教室の後方で正座で授業を受けるように言い、児童が苦痛を訴えたが、そのままの姿勢を保持させた」が体罰に当たるとしている。

他方、体罰ではなく懲戒として許される行為としては、「放課後等に教室に残留させる」「授業中、教室内に起立させる」「学習課題や清掃活動を課す」「学校当番を多く割り当てる」「立ち歩きの多い児童生徒を叱って席につかせる」「練習に遅刻した生徒を試合に出さずに見学させる」等があげられている。

そして教員が生徒に「体罰」を与えても「正当な行為」となる具体例としては、「児童が教員の指導に反抗して教員の足を蹴ったため、児童の背後に回り、体をきつく押さえる」「休み時間に廊下で、他の児童を押さえつけて殴るという行為に及んだ児童がいたため、この児童の両肩をつかんで引き離す」「全校集会中に、大声を出して集会を妨げる行為があった生徒を冷静にさせ、別の場所で指導するため、別の場所に移るよう指導したが、なおも大声を出し続けて抵抗したため、生徒の腕を手で引っ張って移動させる」「他の生徒をからかっていた生徒を指導しようとしたところ、当該生徒が教員に暴言を吐きつばを吐いて逃げ出そうとしたため、生徒が落ち着くまでの数分間、肩を両手でつかんで壁へ押しつけ、制止させる」「試合中に相手チームの選手とトラブルになり、殴りかかろうとする生徒を、押さえつけて制止させる」などをあげている。これらの具体的な状況はいずれも、過去に争われた「体罰か否か」の訴訟を参考にしている。

さらに、前記のような具体例を踏まえた上で、生徒に対する正当な「懲戒」行為と、禁止されている「体罰」の区別については、「単に、懲戒行為をした教員等や、懲戒行為を受けた児童生徒・保護者の主観のみにより判断するのではなく、諸条件を客観的に考慮して判断すべき」としてふくみを残している。

これは、子どもがどう感じようと、つまり、子どもが体罰による苦痛と感じたとしても、さらに言えば命を落としたとしても、子どもの「年齢、健康、心身の発達状況、当該行為が行われた場所的及び時間的環境、懲戒の態様等の諸条件を総合的に考え」、体罰には当たらないケースもありえることを意味している。

そして、今回の体罰についての文科省の指針では、運動部の活動について、「指導と称し、部活動顧問の独善的な目的を持って、特定の生徒たちに対して、執拗かつ過度に肉体的・精神的負荷を与える指導は教育的指導とは言えない」と、あらためて体罰を戒めている。

しかし、体罰か、懲戒的練習か、ただの厳しい練習なのかといった境界にあるようなケースは部活や体育の授業の中で日常的に起きている。過去に起きた次の事例をどう考えるだろうか。

## なくならない「体罰か厳しい練習か」の境界例

「必殺宙ぶらりん事件」と呼ばれる事件をご存じだろうか。

一九七三年に千葉県の県立安房農業高校の体育の授業中に起きた事件である。男性教員（当時二七歳）が、自分の指示を守れなかった罰として三・一三メートルの鉄棒にぶら下がらせ、懸垂《けんすい》をやらせたところ、高校一年の女子生徒が落下。腰椎捻挫《ようついねんざ》の傷害を負ったという事件である。この「必殺宙ぶらりん」が体罰に当たるかどうかが争われた。

女子生徒らが高さを怖がってためらっていると教員は手すりの下で、「さっさとぶら下がれ。さっさとやらねえとタイツを脱がすぞ」などと声をかけたという。女子生徒六人は懸垂を始め、教員の「飛び降りろ」の合図で一斉に手を離したが、一人の生徒の手がしびれて体が硬直し、バランスを崩して体育館の床に落下。腰を強打して失神した。助け起こしてからも教員は体育の授業を続行、落下した生徒は意識がもうろうとする状態で最後まで授業を受け、友だちと保健室に行き、湿布薬をして一人で帰宅した。

翌朝になって女子生徒は首が回らなくなり、頭痛、吐き気、背中・腰の痛みも激しくなった。「脊髄《せきずい》ショックによる頸椎《けいつい》、腰椎捻挫」と診断され、神経外科に九カ月間も入院するほどの重傷だった。退院後も一年にわたり、頭痛、腰痛、足や肩の痛み、手のしびれといった後遺症に悩まされた。丸一日授業に出席できるようになったのは、三年生の三学期になってからだが、修得単位が不足して卒業が延期となった。

学校側は、「あれは体罰ではなく、補強運動だ」と説明し、校長は事件発生後、一度もその被害生徒やほかの生徒への事情聴取も謝罪もしていない。事件から二カ月後に新聞報道されるまで、学校は県教委に対する報告すら怠り、その後ようやく「事故報告書」を提出するのである。

事故後、半年してから、県教委は当該教員に六カ月の減給処分。校長に戒告処分を下した。教員は過失傷害罪で刑事告訴され、簡易裁判所で同罪が認められ罰金三万円という判決を受ける。教員側は最高裁まで上告したが、〔危険な行為をさせるときには、自ら模範演技を示すなど教師には事故を防ぐ義務がある〕と退けられた。

一方、民事裁判ではどうだったか。

被告側の県は、「〔必殺宙ぶらりんは〕バスケットボールに必要な調整力、瞬発力、筋力を高めることを狙いとする補強運動である」と主張し、教員は責任を否定し続けた。

一審判決は原告の主張を一部認めたが、体育教員のとった行為は、体育授業中の懲戒行為であり、違法な体罰ではないと認定した。判決は、〔この種の筋力補強運動は絶対、許されないものでもない〕〔世上行われている筋力の鍛錬の方法としてはほとんど例を見ない希有な異常ともいえるもの〕〔床から三・一三メートルの懸垂は、人によっては恐怖を感じ、非常に危険な方法であることを考えると、〔教員の行為は〕直ちに違法とは言えないけれど、マットも敷かず、口頭説明だけで教師が模範演技もしなかったことなどを勘案して、懲戒の限度を超えたものであり、体育教師にのみ過失がある〕等と認定したのだが、体罰とは認めず、あくまで「過失」ということにしたのである。二審、最高裁とも一審を支持した。

## 「愛の鞭」を容認してきた文科省のダブルスタンダード

文科省は戦後間もない時代から体罰を禁止してきた一方で、「愛の鞭」ならふるってもよしとしてきたふしもある。一九七〇年代に初等中等教育局が編んだ教育の現場に向けた『教務関係執務ハンドブック』にはこんな一節がある。

「ただし、身体に侵害を加える行為がすべて体罰として禁止されるわけではない。傷害を与えない程度に軽く叩くような行為は、父兄が子どもに対して懲戒として通常用いる方法であり、校長および教員が単なる怒りに任せたものではない教育的配慮にもとづくものである限り、軽く叩くなどの軽微な身体に対する侵害を加えることも事実上の懲戒として許される。つまり時には、叩くことが最も効果的な教育方法である場合もあり、いわゆる『愛の鞭』として許される程度の軽微な身体への行為ならば行っても差し支えない」

つまり、少々なら殴ってもかまわないとしているのであり、「愛の鞭」という行政用語としては曖昧な、「文学的表現」とも言える言葉を堂々と使っていることからも、いかに体罰に対する認識が甘いものだったかがうかがえる。これでは文科省がダブルスタンダードだったと言われても否定できないだろう。

二〇〇七年二月の文科省通知「問題行動を起こす児童生徒に対する指導について」でも、「体罰についての考え方」として以下のように明記されている。

「児童生徒に対する有形力（目に見える物理的な力）の行使により行われた懲戒は、その一切が体罰として許されないというものではなく、裁判例においても、『いやしくも有形力の行使と見られる外形をもった行為は学校教育法上の懲戒行為としては一切許容されないとすることは、本来学校教育法の予想するところではない』としたもの（昭和五六年四月一日東京高裁判決）、『生徒の心身の発達に応じて慎重な教育上の配慮のもとに行うべきであり、このような配慮のもとに行われる限りにおいては、状況に応じ一定の限度内で懲戒のための有形力の行使が許容される』としたもの（昭和六〇年二月二二日浦和地裁判決）などがある」

とはいえ、基準や定義をつくること自体は無意味なことではないと私は思う。学校を取材していると、驚いたことに、体罰が法律で禁じられていることすら知らない教員と遭遇したこともあるからだ。したがって、教員に何が体罰に当たり、何が緊急避難的な行為になるのかをふだんから考え続ける情報を提供するという点で、基準や定義をつくることにはそれなりの意味があろうかと思うのだ。それでおのずから態度にブレーキがかかることを願いたい。

たとえば二〇一三年の文科省指針では、子どもを「立たせる」ことは体罰には当たらないとされているが、体調が悪い子どもを立たせてしまったら、それは相当な苦痛を与えるもの、すなわち体罰に該当するだろう。額面どおりに受け取らず、ケースバイケースで考えるという材料にもしてもらいたいと思う。

## 体罰と暴言はセットになっている

体罰の定義に関連してもう一点指摘しておきたいのは、「体罰」と「暴言」はセットだということだ。暴言は体罰には当たらない。しかし暴言が出ると暴力が出やすい。暴言が教員を興奮状態にして体罰を誘発するのだ。子どもたちの中では殴られるより、言葉の暴力のほうが辛いという声も実は多い。

先に紹介した日体大のアンケートにもハラスメントを受けたという回答があった。日本オリンピック委員会の選手に対するアンケート調査でも、パワハラと感じる暴言を受けたという回答が一割強あった。

たとえば日本女子柔道ナショナルチームが受けた「叩かれて言うことが聞けなかったら家畜と同じだ」というような侮蔑の類を封じることはできるのか。あからさまな暴言は問題外としても、暴言についても「基準」をつくるべきか。「バカヤロー」と言ってはいけないとか、敬語を使うことを義務づけるようなタガをはめておくべきなのか。

結論から言うとそれは無理だろう。であるならば、言われた側、子どもや選手の側がどう感じたかを常にモニタリングするしかない。言われた側が、セクハラ、パワハラのような暴言だと感じたなら、誤解を解いたり、謝罪をしたり、関係修復をしたりしていくしかないのではないか。つまり、教員や指導者に何かを言われて、どう感じたか、どう思ったかを常に「言った側」に対して躊躇なく伝えることができる環境づくりが必要なのだろう。

## 世界各国で法制化されつつある体罰全面禁止

一九八九年、「子どもの権利条約」が国連で採択された。この条約を日本で批准させて、関連する法律を整備し、国内にそのポリシーを普及させることを目的として、私は翻訳家の平野裕二氏らとともに一九九〇年からARC（Action for the Rights of Children）というグループを立ち上げて活動していた時期がある。日本はその後一九九四年に批准。平野氏は批准国の子どもの権利状況を審査する国連・子どもの権利委員会を第一回から傍聴し続けている。

国連・子どもの権利委員会とは、各国における子どもの権利条約の実施状況を監視するため、条約に基づいて設置されている機関で、締約国から選出された一八名の委員で構成されている。締約国から定期的に提出される報告書を審査し、問題点の指摘、改善のための提案・勧告を記載した総括所見を公表することが主たる任務である。委員会では一九九三年から、各国に対して体罰全面禁止を勧告し始めた。日本に対する勧告は、次のとおりだ。

「委員会は、学校における暴力が頻繁にかつ高いレベルで生じていること、特に体罰が広く用いられていること、及び生徒の間で非常に多くのいじめが存在することを懸念する。体罰を禁ずる立法、及びいじめの被害者のためのホットラインのような措置も確かに存在するものの、委員会は、現行の措置が学校暴力を防止するためには不充分であることに懸念とともに留意する」（一九九八年第一回審査後の勧告の一部）

平野氏のレポートによれば、二〇〇四年の第二回審査でも、体罰の全面的禁止と意識啓発、虐待防止のための国家戦略、学校における暴力に対する効果的対応などが勧告されている。この審査においては、有形力が用いられ、かつなんらかの苦痛または不快感を引き起こすことを意図した罰は、どんなに軽いものであっても体罰と定義される。具体的には、叩くこと、蹴ること、子どもを揺さぶったり放り投げたりすること、引っかくこと、つねること、かむこと、髪を引っ張ったり耳を打ったりすること、子どもを不快な姿勢のままでいさせること、やけどさせること、薬物等で倦怠感《けんたい》をもよおさせること、強制的に口に物を入れること、などである。さらに、そのほかの残虐な・屈辱的な・品位を傷つける罰（子どもをけなし、辱め、侮辱し、身代わりに仕立て上げ、脅迫し、こわがらせ、または笑いものにすることなど）も法律で全面的に禁止されるべきであるとしている。

これまで述べてきたように日本は、学校教育法や文科省の「通知」などがある程度で、体罰について専門的な法整備はされてこなかった。国連から勧告された学校暴力に関する包括的な行動計画も策定しておらず、問題が生じるごとに五月雨《さみだれ》式に対応してきたのは重大な過失だとも指摘されてきた。

先にもふれたが、体罰に関する取り組みについて各国の例を見ると、ヨーロッパを中心に一九七〇年代から体罰禁止の法制化に着手しており、二〇一二年七月現在で三三カ国において体罰の全面禁止が法制化されている（一九七九年スウェーデン、八三年フィンランド、八七年ノルウェー、八九年オーストリア、九四年キプロス、九七年デンマーク、九八年クロアチア、同年ラトビア、二〇〇〇年ドイツ、同年ブルガリア、同年イスラエル、〇三年アイスランド、〇四年ルーマニア、同年ウクライナ、〇五年ハンガリー、〇六年ギリシア、〇七年オランダ、同年ニュージーランド、同年ポルトガル、同年ウルグアイ、同年ベネズエラ、同年スペイン、同年トーゴ、〇八年コスタリカ、同年モルドバ、同年ルクセンブルク、同年リヒテンシュタイン、一〇年ポーランド、同年チュニジア、同年ケニア、同年コンゴ共和国、同年アルバニア、一一年南スーダン）。

このような法律が世界中でつくられているということは、体罰は世界的な問題であり、ちょっとやそっとでは防止できないということを示している。法律がない日本は、体罰の「禁止度」が低いと、世界中に認識されているということでもあるだろう。例外と言われていたアメリカでも体罰は禁止される傾向にあり、二〇〇八年現在ですでに二九の州が学校における体罰を全面的に禁止している。

## アイデンティティと化してしまった体罰による指導

桜宮高事件の加害教員とされたバスケットボール部の当時の顧問・小村基氏が初めてメディ

ア の取材に応じ、実名で顔を出して謝罪したのには驚いた（NHKニュースウォッチ9・二〇一三年三月四日）。インタビューの中で「手を上げることでいろいろなことが変わると思っていた」「部活動を指導してきた中で、教え子が自ら命を絶ったことに対して、心からお詫びをいたします」「体罰は一九年前の赴任当時から行っていた」「素行の悪い生徒が部員で何人かおり、最初は説明していたが、手を上げることで落ち着くということもありました」などと述べたのだった。

全国区レベルの強豪校になるにつれてやはり自信を増したようで、「自分の指導法は生徒や保護者にうまく伝わっていると思っていました」とも告白。しかしながら「体罰という方法は間違っていた」と認めたのである。私はこの顔をさらしての懺悔を評価したいと思う。

私が小村氏のインタビューを見てあらためて感じたのは、体罰という方法を盲信し、とらわれた教員にとって、体罰とは自分が自分であるための支柱になっているのではないかということだ。自らが体罰の虜囚となってしまっているとも言える。

授業中に態度が悪い、教員の言うことを聞かない、校則を破るなど、「非」は常に生徒のほうにあり、自分はそれを正すために罰を与えなければならない立場にある。ゆえに、罰としての体罰に自分が支配されたようになり、体罰という手段を否定することはすなわち、教員のアイデンティティの喪失になると考えてしまう。

また、運動部の指導で体罰をふるう教員たちは、かつて自分も体罰を受けたからこそまともな人間に育つことができた、教師たる自分に自信や誇りを持つことができるのは、体罰を受けたお蔭だという意識が強い。それを否定することは恩師や先達を否定し、自分の半生を否定することになる。彼らは「体罰」に恩を感じている。

## 今この瞬間に傷ついている子どもたちがいる

それは教員でなくとも同じだろう。授業中や運動部の活動の中で体罰を受けて育った大人たちは、時間が経つにつれてその経験を楽しかった思い出として美化し、それが世論を形成する。そのとき、今この瞬間に体罰を受けている子どもたちの苦しみは置き去りにされている。

大阪・桜宮高バスケットボール部主将の少年は、命を絶つ三日前に「キャプテンとしてするべきこと」と題するペーパーを顧問の小村氏に提出していた。

「リバウンド、ルーズボールに飛び込む　分からないなら、分かったふりをせずに分からないと答える　言われたことをチームの皆でできるように、まず自分が手本になる」

前向きな決意表明だ。しかし実は、ペーパーはもう一枚用意されていた。主将になって小村氏からの叱責や体罰が自分に集中するようになり、悩んだ少年はそのことを離れて暮らす兄に電話で相談し、兄に勧められてそのもう一枚のペーパーを書いた。題は「私がいま思っていること」で、以下はその全文である。

「先生が練習や試合で、自分ばかり責めてくるのに僕は不満を持っています。昨日の話を聞いていても、こういうことをする人がキャプテンになる人と言っていましたが、どこのどんなチームでも、そんな完璧な人いないと思います。先生は僕に、何も考えていないと言いますが、僕は考えています。いつもその場で答えることができませんが、じゃあ逆に、それを完璧に答える人はいるのですか？　○○さんが講習会をしてくれた日、僕は○○さんが言っていることを自分なりに理解して一生懸命やりました。なのに、なぜ、翌日に僕だけが、あんなにシバき回されなければならないのですか？　キャプテンしばけば何とかなると思っているのですか？毎日のように言われ続けて、僕は本当に訳がわからないとしか思っていません」

この手紙を初めて見たときのことについて、小村氏は先の番組で、「私が彼自身を死に追いやった。本当に何も気づかない、家族の悲しみをきちんと自分がわかっていない愚かさに気がついた」と語り、「チームを強化するのにどうすればいいのか考えたところ、彼がレベルアップすることがチームのレベルアップにつながると、そのときそのように考えました」「手を上げることでいろいろなことが変わると思っていたが、そうではなく、そういうことを本当に嫌がって、気持ちが傷ついていることがわかりました」と深い反省の言葉を口にしている。

豊川工の渡辺正昭氏も教育現場を去ることになったことはすでに書いた。人生のすべてを注いできたのだろうから、己の人生を否定された気持ちで、絶望の淵にいるのかもしれない。体罰はそもそも禁じられた行為であるのだから、教員（公務員）にとっても、社会的生命が絶たれる可能性のある、きわめてリスクが高い行為である。そのことを認識していたのかどうか。その当たり前のことすら、「熱血教師」と崇め立てられているうちに麻痺してしまったのか。体罰教員の哀れな末路は日本中の教員が見るべきである。

私たち大人は、「先生にはよく殴られたっけな」「血反吐《へど》を吐いたな」と酒を飲みながらノスタルジーに浸る。が、必ずしもよい思い出だとは思っていない人もいる。桑田氏のように体罰を受けた経験をネガティブな記憶としている人について、私たちは忘れがちである。いや、忘れている。辛い嫌な思い出も笑えるような思い出に転換できるような人ばかりではないということを、ましてや今まさに学校に通っている子どもたちの中に体罰によって傷ついたり悩んだりしている者がいることを、私たちは忘れている。

子どもは繊細な存在だ。体罰を受けていることに、深く傷つき、苦しみ、生きることを放棄するまで追い詰められる子どもがいる。考えてみれば当たり前のことに私たち大人は鈍感すぎるのだ。これまでも、これからも鈍感で無関心であり続けるのか。たくさんの失われていった子どもたちの命がそれをじっと見つめている。

本書の冒頭に掲載した遺書を残して死んだ岐阜・中津商陸上部キャプテンの少女の死から二八年。その間体罰をふるい続けた教員や指導者、それを容認してきた大人や組織や社会、そして体罰に無関心でいた大人たちは、等しく責任を負っている。体罰がなくならない原因は、そしてそれによって子どもが命を落とした責任は、学校の現場や教育行政だけにあるのではなく、私たち一人ひとりの中にある。

# あとがき

法律で禁じられている行為が、事実上、無罰とされている状態にあるとはなんとも奇妙な社会である。それは体罰が「教育」という領域と不可分の関係にあると考えられているせいだろう。

教育には体罰という手段が必要であるという信仰めいたものが、私たちには染みついてしまっているから、体罰はあっても仕方がないという考えが容認されてきた。

法律を遵守しなければならない立場の公務員や、公的性格を持つ組織の人々でさえ、体罰を表向きでは否定しながらも、実態では野放しにしてきた。それどころか体罰をふるう者をかばったり、体罰そのものを逆に正当化したりするなど、確信犯的に「法認」状態に加担してきた。

それは今に始まったことではなく、長い間、変えられずに保たれてきたものであることを、私は取材を通して目の当たりにしてきた。それは社会がこの問題を軽んじてきたということであり、暗黙の支持の証左でもあり、子どもの安全を軽視してきたということでもある。

私たちは学校やスポーツの現場で大きな間違いを犯し続け、放置し続けてきたことをどれほど認識しているだろうか。体罰教員は「体罰の虜囚」だと私は書いたが、私たちも囚われているのだ。

本書第五章でも紹介した、国連・子どもの権利委員会を傍聴し続けている翻訳家の平野裕二氏と私は、子どもに関する新聞記事だけを毎月切り抜いては大判の厚めのムックに編集する仕事を続けていた時期がある。毎月、三大紙プラス十数の地方紙から切り抜かれた教育関係の膨大な記事を読み、選ぶ。選んだ記事をパズルのように組み合わせて紙面を構成し、その月で最も重要だと判断したテーマをいくつか選び特集をつくった。メディアは横並びで、寄ってたかって特定の事件だけを集中的に報道していくが、実は同じような事件は各地で起きており、それらがベタ記事にしかなっていない現実を痛感した。

おそらく体罰に関わる子どもの「死」はもっとたくさん起きているはずだ。本書では過去の事件について、資料などを引用してなるべく細部まで再現するようにつとめた。事件の細部一つ一つに、日本で体罰がなくならない理由がひそんでいる。そして、何をどう改革をすべきかは第五章以外の章の各センテンスからも読み取っていただけるはずである。

本書を緊急に書き下ろすにあたり、「学校」で子どもの命を失った遺族の方々やその支援者、現場の教員や元教員、教育委員会や文科省関係者、法律家、行政法の研究者の方々から多くの助言をいただいた。本当なら御名前を記して謝辞を申し上げるべきところだが、どうかお許し願いたい。

二〇一三年六月

藤井誠二

## 著者略歴

### 藤井誠二《ふじい・せいじ》

一九六五年、愛知県生まれ。ノンフィクションライター。
愛知淑徳大学非常勤講師。高校在学中からさまざまな社会運動に関わりながら、日本の「現場」を伝え続けている。テレビ・ラジオ・インターネット放送のコメンテーターや司会としても活動。
著書に『少年に奪われた人生』（朝日新聞社）、『殺された側の論理』『アフター・ザ・クライム』『大学生からの「取材学」』『「壁」を越えていく力』（以上、講談社）、『人を殺してみたかった』（双葉文庫）、『コリアンサッカーブルース』（アートン）、『光市母子殺害事件』（本村洋・宮崎哲弥両氏との共著、イースト・プレス）、『死刑のある国ニッポン』（森達也氏との共著、金曜日）、『この世からきれいに消えたい。』（宮台真司氏との共著、朝日文庫）ほか多数。
藤井誠二のブログ http://ameblo.jp/fujii-seiji/
藤井誠二の仕事 http://fujiiseiji.com/
Twitterアカウント @seijifujii1965

幻冬舎新書 313

# 体罰はなぜなくならないのか

二〇一三年七月三十日 第一刷発行

著者 藤井誠二
発行人 見城徹
編集人 志儀保博
発行所 株式会社 幻冬舎
〒一五一-〇〇五一 東京都渋谷区千駄ヶ谷四-九-七
電話 〇三-五四一一-六二一一(編集)
〇三-五四一一-六二二二(営業)
振替 〇〇一二〇-八-七六七六四三
ブックデザイン 鈴木成一デザイン室
印刷・製本所 中央精版印刷株式会社

検印廃止
万一、落丁乱丁のある場合は送料小社負担でお取替致します。小社宛にお送り下さい。本書の一部あるいは全部を無断で複写複製することは、法律で認められた場合を除き、著作権の侵害となります。定価はカバーに表示してあります。
©SEIJI FUJII, GENTOSHA 2013
Printed in Japan ISBN978-4-344-98314-4 C0295
ふ-11-1
幻冬舎ホームページアドレス http://www.gentosha.co.jp/
＊この本に関するご意見・ご感想をメールでお寄せいただく場合は、comment@gentosha.co.jp まで。

幻冬舎新書

阿部泰尚
いじめと探偵

被害生徒がいじめの事実を訴えても学校は「証拠を出せ」と言う。もはやいじめの解決を私立探偵に委ねるしかないのか。第一人者が実際にあった具体的な事例から証拠集め、交渉法や解決法を伝授。

石井至
慶應幼稚舎

初年度納付金は最低で約150万円。縁故入学は多くても4人に1人。お受験教室の運営を通じて慶應幼稚舎を知り尽くした著者が、その教育理念、入学試験、学費、卒業後の進路などを徹底分析！

石井光太
戦場の都市伝説

死体を食べて大きくなった巨大魚、白い服を着た不死身の自爆テロ男など、戦地で生まれた奇妙な噂話が妙に生々しいのはなぜか。都市伝説から人間の心の闇と戦争のリアルを解き明かす画期的な書。

鈴木伸元
加害者家族

犯罪の加害者家族は失職や転居だけでなく、インターネットでの誹謗中傷、写真や個人情報の流出など、悲惨な現実をまのあたりにする。意外に知られていない実態を明らかにした衝撃の一冊。

幻冬舎新書

中村淳彦
職業としてのAV女優

業界の低迷で、現在は日当3万円以下のこともあるAV女優の仕事。それでも自ら志願する女性は増える一方。なぜ普通の女性が普通の仕事としてカラダを売るのか？　求人誌に載らない職業案内。

橋本淳司
日本の地下水が危ない

外国資本による日本の森林買収が増え、多くの自治体が「狙いは水資源か」と警戒。ペットボトル水需要の急増、森林・水田の荒廃など、国内事情も深刻化。日本の地下水の危機的現状を緊急レポート。

生島淳
箱根駅伝　新ブランド校の時代

箱根駅伝最大のスターといえる、東洋大学・柏原竜二。しかし、柏原卒業後の二〇一三年以降、大学間の実力は拮抗し、混戦の時代を迎える。駅伝戦国時代を楽しむ最新観戦術を伝授。

渋井哲也
実録・闇サイト事件簿

ネットで出会った男たちが見も知らぬ女性を殺害するという、犯罪小説のような事件を生んだ「闇サイト」とは何か。閉塞した現代社会の合わせ鏡、インターネットの「裏」に深く切り込む実録ルポ。

幻冬舎新書

岡田尊司
# ストレスと適応障害
つらい時期を乗り越える技術

「適応障害」は環境の変化になじめなかったり、対人関係がうまくいかずに生じる心のトラブル。どうすれば改善するのか？　すぐに実践できる方法を、百戦錬磨の専門医がわかりやすく紹介。

磯部潮
# パニック障害と過呼吸

突然息が苦しくなる「過呼吸」。発作が続いて日常生活に支障が生じる「パニック障害」。発作はなぜ起きるのか。どう対処したらいいのか。薬に頼らず心の健康をとりもどす方法を専門医がアドバイス。

深代千之　長田渚左
# スポーツのできる子どもは勉強もできる

「東大入試に体育を」と提唱するスポーツ科学の第一人者と、数々のトップアスリートを取材してきたジャーナリストが、学力と運動能力の驚くべき関係を明らかにする。「文武両道」子育てのすすめ。

久保博司
# 誤認逮捕
冤罪は、ここから始まる

一般市民が、なぜ「してもいない犯罪」の犯人にされてしまうのか。窃盗、薬物取締法違反から、ひき逃げ、放火、殺人まで誤認逮捕された実例を取り上げ、現代警察機関の問題点を指摘した一冊。